L'ENCYCLO MANGA

Les dinosaures

Traduit du coréen par **Kyung-Aie JOUBERT-BAK**

M6 EDITIONS

L'ENCYCLO MANGA

e=m6

Les dinosaures

Supervisé par **Lee, Yung-Nam**
Écrit par **Lee, Hang-Seon**
Dessiné par **Song, Hoei-Seok**

Originally published as **"WHY? GONGYONG"**
by YeaRimDang Publishing Co., Ltd, in Republic of Korea in 2005

L'édition française est publiée
en accord avec YeaRimDang Publishing Co., Ltd.
E=M6®

ISBN : 978-2-915127-7-68

Crédits photographiques couverture
fotolia/© Ralf Kraft, © Andreas Meyer, © Ericos, © Sergey Drozdov

Loi n°49-956 du 16 juillet 1949 sur les publications destinées à la jeunesse

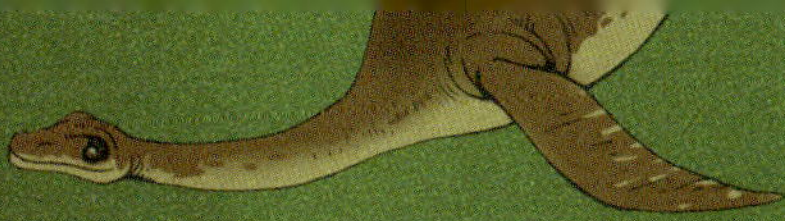

Préface

Les dinosaures

À quoi penses-tu quand on parle de dinosaures ?
Aux monstres que tu as vu dans les films et les bandes dessinées ? Certains avaient bien des dents pointues et un appétit féroce, mais tous n'étaient pas comme ça !

Le premier dinosaure est apparu il y a 245 millions d'années, et ils ont ensuite dominé l'écosystème de la planète pendant plus de 100 millions d'années.

Il existait de nombreux types de dinosaures. Les carnivores bien sûr, mais aussi de gentils herbivores. Il y en avait des énormes, et d'autres tout petits, pas plus gros qu'une poule. Chacun avait sa propre stratégie de survie pour se faire sa place dans le monde incroyable dans lequel ils ont évolué.

Grâce à **Arthur** et **Julie**, au **professeur Floc** et au **bébé dino Rexi**, tu découvriras les différents types de dinosaures, leurs habitudes alimentaires, leurs mode de vie, les environnements de l'époque, mais aussi les différentes théories sur leur extinction.

Es-tu prêt à partir pour un voyage palpitant au temps des dinosaures ?

Sommaire

◆ Apparition des dinosaures

◆ L'âge d'or des dinosaures

◆ Les compagnons du dinosaure

◆ Monde cruel

Annexe

1 La couleur et la forme exacte des dinosaures ne sont pas vraiment connues à ce jour. Dans ce livre, certaines couleurs ont été utilisées et peuvent être différentes selon les situations.

2 Les dinosaures ont vécu sur tous les continents, mais ce livre ne les mentionne pas à chaque fois.

3 Nous avons, dans la mesure du possible, essayé de montrer ensemble les dinosaures appartenant à la même période, mais certaines espèces, telles que le giganotosaure et le tyrannosaure, ont parfois été montrées en même temps.
De même que le ptérosaure, l'ichtyosaure et le plésiosaure sont présentés sans distinction entre les différentes périodes.

4 Nous avons ajouté en annexe un tableau de comparaison entre les différentes tailles de dinosaures, et par rapport à la taille humaine.

Personnages

Arthur

Ce petit garçon espiègle
est amoureux de Julie.
Il s'intéresse aux
dinosaures, mais il est
parfois un peu peureux.
Il s'occupe bien de Rexi.

Rexi

C'est un bébé tyrannosaure.
Depuis qu'il a pris un
médicament donné par le
Docteur Floc, il est doté de
capacités surnaturelles,
et notamment de la parole.

Docteur Floc

C'est un spécialiste des
dinosaures.
Il a inventé la machine à
voyager dans le temps
et il est remonté jusqu'à
l'époque des dinosaures,
où il a sauvé Rexi.

Julie

Elle a une fâcheuse
tendance à faire
sa princesse, mais elle
est intelligente.
Elle taquine Arthur de
temps en temps,
pourtant, ce sont des
amis inséparables !

RENCONTRE AVEC REXI, LE BÉBÉ DINOSAURE

BOUM !
TIENS ? C'EST QUOI ÇA ?
OUH LÀ LÀ !
AÏE AÏE AÏE !...
AÏE AÏE AÏE !...
MAIS QU'EST-CE QUE C'EST ?
ON DIRAIT BIEN QUE TU L'AS ASSOMMÉ AVEC TA GROSSE TÊTE !
BONJOUR LES ENFANTS ! DITES, VOUS N'AURIEZ PAS VU UN ANIMAL UN PEU ÉTRANGE DANS LE COIN ??
PFF
PFF
QUI ÊTES-VOUS, MONSIEUR ?

ÇA Y EST ! JE T'AI RETROUVÉ. MOI, JE SUIS LE DOCTEUR FLOC ET J'ÉTUDIE LES DINOSAURES. ÇA, C'EST REXI, UN BÉBÉ DINOSAURE QUI ME MÈNE LA VIE DURE.
UN BÉBÉ DINOSAURE ?
C'EST UN ROBOT ?
NON, C'EST UN VRAI DINOSAURE.
JE L'AI RAMENÉ MOI-MÊME GRÂCE À UNE MACHINE QUI REMONTE LE TEMPS.
UNE MACHINE QUI REMONTE LE TEMPS ?
ÇA EXISTE VRAIMENT ?
BIEN SÛR. LA PRÉSENCE DE REXI EN EST LA PREUVE.
IL FAUDRAIT QUE JE LE RAMÈNE À SON ÉPOQUE, MAIS IL S'ÉCHAPPE TOUT LE TEMPS.
MPF !
À L'ÉPOQUE DES DINOSAURES ? ÇA ME DONNE ENVIE D'EN SAVOIR PLUS !
TU VEUX QUE JE T'APPRENNE DES TRUCS SUR LES DINOSAURES ?
TU SAIS CE QU'EST UN DINOSAURE PEUT-ÊTRE ?

TU ME SOUS-ESTIMES. MAIS TU VAS VOIR.
LES DINOSAURES SONT… EUH…
UN INSTANT, S'IL VOUS PLAÎT…
C'EST ÇA, UN DINOSAURE.
VOICI !!
ÇA C'EST UN MONSTRE ! PAS UN DINOSAURE !!
"DINOSAURE" EST UN MOT QUI VIENT DU GREC "DEINOS", QUI VEUT DIRE "TERRIBLE", ET DE "SAUROS", QUI SIGNIFIE "LÉZARD".
EN ASIE, ON L'A TRADUIT PAR "LE DRAGON TERRIBLE".
LE TERME "DINOSAURE" DÉSIGNE LES GRANDS REPTILES TERRESTRES DE L'ÈRE MÉSOZOÏQUE, ET IL A ÉTÉ INTRODUIT PAR LE PALÉONTOLOGUE ANGLAIS RICHARD OWEN EN 1842.
OWEN A DÉCOUVERT QUE LES FOSSILES DU MEGALOSAURUS ÉTAIENT DIFFÉRENTS DE CEUX D'UN REPTILE.
PARMI LES DIFFÉRENTS DINOSAURES, IL Y EN A QUI MESURENT PLUS DE 30 MÈTRES, MAIS IL Y EN A AUSSI D'AUTRES QUI NE SONT PAS PLUS GRANDS QU'UNE POULE.
WOUAH !!
DOCTEUR !! ON AIMERAIT ALLER AU TEMPS DES DINOSAURES !
EMMENEZ-NOUS, S'IL VOUS PLAÎT…
QUOI ?

HUM... C'EST VRAI QUE ÇA SERAIT PLUS AGRÉABLE QUE D'Y ALLER TOUT SEUL...
MERCI BEAUCOUP !
BUREAU D'ÉTUDE DU DOCTEUR FLOC
QUELQUES JOURS PLUS TARD...
OPEN
VOICI MA MACHINE À REMONTER LE TEMPS. QU'EST-CE QUE VOUS EN DITES ?
WOUAH !
ALLEZ, ON Y VA ?
OUI !
C'EST UN RÊVE DE MONTER DANS UNE TELLE MACHINE !
MAIS C'EST POSSIBLE DANS UNE BANDE DESSINÉE !
VOUS ÊTES TOUS PRÊTS ?
OUI !
VRAOOOOOOUM !!
BAAAANNG !
EN ROUTE POUR L'ÉPOQUE DES DINOSAURES !!

APPARITION DES DINOSAURES

PÉRIODE TRIASIQUE
VRAOOOOUM !
AAAAAAAH !
BANG !
BAAAAAAAAANG !

COOL !
JULIE, ARTHUR, ÇA VA ?
OUI, ÇA VA, MAIS OÙ SOMMES-NOUS ?
NOUS SOMMES À L'ÉPOQUE TRIASIQUE, LÀ OÙ LE PREMIER DINOSAURE EST APPARU.
OH OUI !
PARCE QUE TOI, TU CONNAIS LA PÉRIODE TRIASIQUE ?
IL PARAÎT QUE LE PREMIER DINOSAURE EST APPARU À CETTE ÉPOQUE.
TSSS !
LE DOCTEUR FLOC VIENT JUSTE DE LE DIRE ! IDIOT !
CALMEZ-VOUS LES ENFANTS !!
C'ÉTAIT POUR RIRE !

LES ENFANTS, REGARDEZ BIEN ÇA.
C'EST QUOI ?

BIP

Classification des périodes paléontologiques
MA : millions d'années
- 4 600 MA
- 3 800 MA
- 530 MA
- 245 MA
- 65 MA
Présent
Hadéen
Précambrien
Paléozoïque
Mésozoïque
Cénozoïque
Formation de la Terre
Archéen
- 2 500 MA
Protérozoïque
Cambrien
- 505 MA
Ordovicien
- 440 MA
Silurien
- 410 MA
Dévonien
- 360 MA
Carbonifère
- 286 MA
Permien
Trias
- 208 MA
Jurassique
- 146 MA
Crétacé
Paléogène
- 18 MA
Néogène
ON DISTINGUE 5 PÉRIODES PALÉONTOLOGIQUES, ET LA PÉRIODE TRIASIQUE SE TROUVE AU DÉBUT DE LA PÉRIODE MÉSOZOÏQUE.

VOICI LA TERRE À LA PÉRIODE TRIASIQUE.
> Il y a 200 millions d'années
BIP
?!
?!
LES FORMES DES CONTINENTS SONT VRAIMENT BIZARRES !!
OÙ SE TROUVE NOTRE PAYS ?
HA HA !!
SUR TERRE, À L'ÉPOQUE TRIASIQUE, IL N'Y AVAIT QU'UN SEUL GRAND CONTINENT APPELÉ PANGÉE. PLUS TARD, CE CONTINENT A ÉTÉ DIVISÉ EN PLUSIEURS AUTRES, TELS QUE VOUS LES CONNAISSEZ AUJOURD'HUI.
> Il y a 150 millions d'années
Continent Laurasie
Pangée
Continent Gondwana
> Aujourd'hui
Amérique du Nord
Europe
Asie
Afrique
Océan Pacifique
Amérique du Sud
Océan Atlantique
Océan Indien
Océanie
Antarctique

ALORS DOCTEUR, CE DÉSERT, C'EST LA PANGÉE ?
OUI C'EST ÇA. LA GRANDE PARTIE ÉTAIT DÉSERTIQUE ET PRÈS DES OASIS, IL Y AVAIT DE PETITES FORÊTS.
DANS CES CONDITIONS TRÈS RUDES, DIVERSES ESPÈCES DE REPTILES APPARAISSAIENT ET DISPARAISSAIENT. PARMI CES REPTILES, CERTAINES ESPÈCES ONT RÉUSSI À SURVIVRE EN ÉVOLUANT ET SE SONT TRANSFORMÉES EN D'AUTRES ESPÈCES.
BIP
ET ME VOILÀ, MOI, LE DINOSAURE !!
OOOOH !
HEEEE !
JULIE, TU AS ENTENDU ? LE DINOSAURE A PARLÉ !!
OUI ! J'AI BIEN ENTENDU.

OH ! JE NE VOUS AI PAS DIT ENCORE ? REXI EST UN DINOSAURE MUTANT ET IL EST TRÈS BRILLANT.
QUOI ? MUTANT ?
ÇA N'EXISTE PAS CE GENRE DE CHOSES !
LAISSE MOI TE RACONTER...
OH SI !
C'ÉTAIT IL Y A 3 MOIS... J'ÉTAIS EN TRAIN DE TESTER MA MACHINE À REMONTER DANS LE TEMPS.
WOUAHAHA !! ÇA Y EST !! J'AI RÉUSSI !
JE SUIS ENFIN PARVENU JUSQU'AU TEMPS DES DINOSAURES. QUAND LE MONDE SCIENTIFIQUE SAURA ÇA, PERSONNE N'EN REVIENDRA ! HA HA HA !!

D'ABORD, UNE PETITE PHOTO SOUVENIR !
CLIC !
WOOZZ !
OUISTITI !
SMOUNCH !
HEIN ! MAIS QU'EST-CE QUE C'EST QUE ÇA ?
CLAC !
SERAIT-CE UN DINOSAURE ?
MAIS C'EST QU'IL EST EN TRAIN DE MOURIR ! OH LÀ LÀ ! LE PAUVRE...
....
JE VAIS LE SAUVER, MON VOYAGE DANS LE TEMPS AURA SERVI À QUELQUE CHOSE.
JE VAIS ENFIN POUVOIR UTILISER LE MÉDICAMENT SURPUISSANT QUE J'AI INVENTÉ !

MAIS S'IL Y A UN EFFET SECONDAIRE, QU'EST-CE QUE JE VAIS FAIRE ?
ON VA QUAND MÊME ESSAYER...
POURVU QUE LA CHANCE SOIT DE NOTRE CÔTÉ !
GLOUP !
L'INSTANT D'APRÈS
ÇA VA ?
HM !
WOUAH ! IL EST SAUVÉ ! MON MÉDICAMENT EST MIRACULEUX !
?
GNAAH...
TU ES UN PETIT DINOSAURE TRÈS SPÉCIAL À PRÉSENT.
JE VAIS T'APPELER "REXI". REXI !! C'EST D'ACCORD ?
REXI ?

REXI !
JE M'APPELLE REXI !
DEPUIS QU'IL A PRIS LE MÉDICAMENT, IL SAIT PARLER ET IL M'ACCOMPAGNE PARTOUT EN M'AIDANT.
DOCTEUR, SI VOUS EN TROUVEZ UN AUTRE COMME REXI, VOUS ME LE DONNEREZ ?
POUR LE VENDRE À UN CIRQUE ?
OUI !
!
C'EST VRAI ?
HÉ ! JE PLAISANTE ! JE PLAISANTE !
BLA BLA
BLA BLA
C'EST VRAI, JE PLAISANTAIS !
D'ACCORD, D'ACCORD ! ET SI ON DESCENDAIT DANS CETTE FORÊT ?
PSSSH

CHTONK !!
RHAA... ON CRÈVE DE CHAUD !
QUELLE FOURNAISE !
LE CLIMAT DE LA PÉRIODE TRIASIQUE EST TYPIQUEMENT CHAUD ET SEC.
D'AILLEURS, IL Y AVAIT BEAUCOUP DE CONIFÈRES ET DE PTÉRIDOPHYTES, TELS QUE DES FOUGÈRES ET DES PRÊLES.
REGARDEZ À CÔTÉ !
BIP
Fougères
Prêles
ET ÇA SE MANGE ?
TU NE PENSES QU'À TON VENTRE...
DOCTEUR, C'EST QUOI LES PTÉRIDOPHYTES ?
LES PTÉRIDOPHYTES SONT LES PLANTES QUI SE REPRODUISENT GRÂCE À DES SPORES, TANDIS QUE CELLES QUI SE REPRODUISENT GRÂCE À DES GRAINES S'APPELLENT DES SPERMAPHYTES.

REGARDEZ LÀ-BAS.
CE SONT DES TROUPEAUX DE PLACERIAS, UN REPTILE DE LA PÉRIODE PALÉOZOÏQUE.
WOUAH !
C'EST QU'ILS S'ENTENDENT BIEN S'ILS SONT EN TROUPEAU !!
GNAK !
OH !
ARGL
UN POSTOSUCHUS A ATTAQUÉ UN PLACERIAS !!
UN POSTO... QUOI ?

LA DIFFÉRENCE ENTRE LE DINOSAURE ET LES AUTRES REPTILES

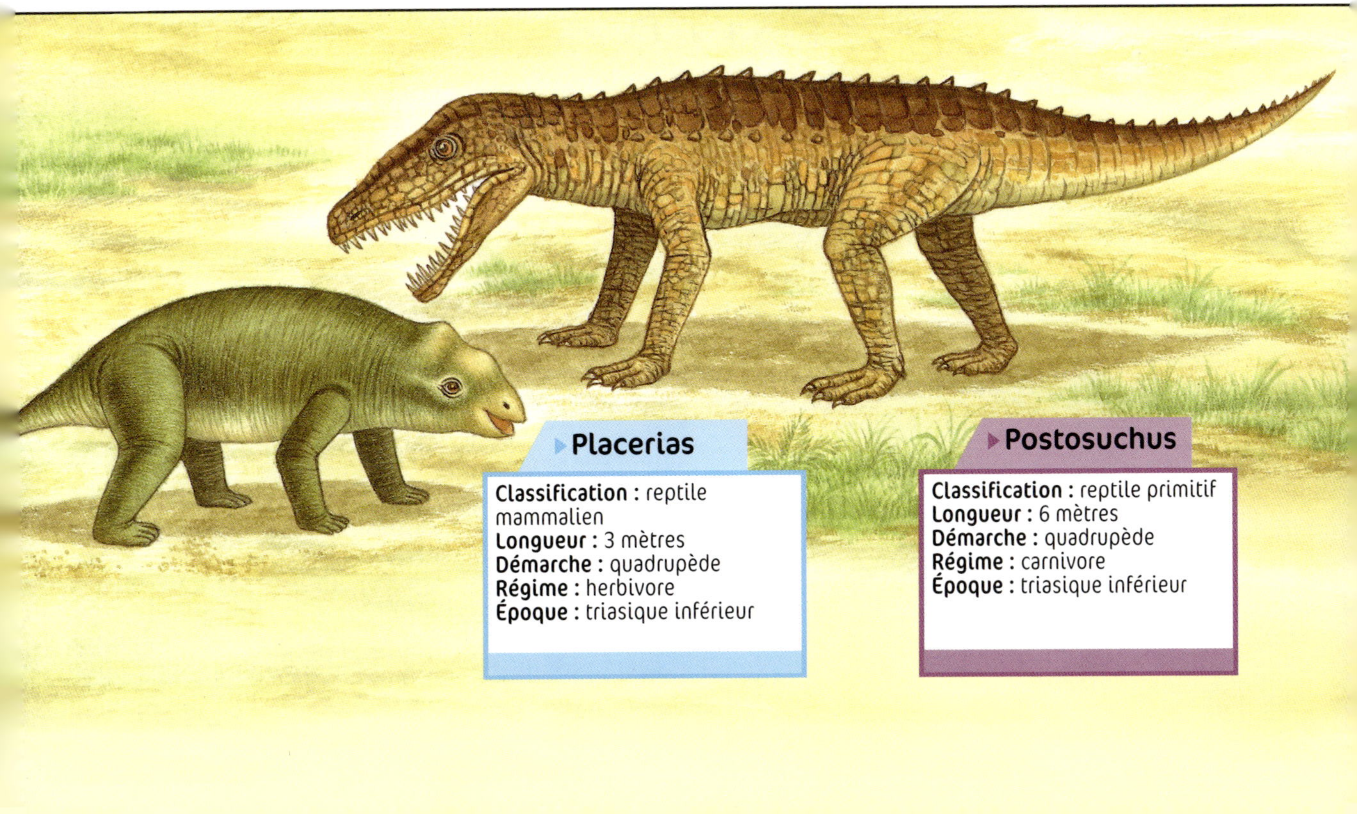

Placerias

Classification : reptile mammalien
Longueur : 3 mètres
Démarche : quadrupède
Régime : herbivore
Époque : triasique inférieur

Postosuchus

Classification : reptile primitif
Longueur : 6 mètres
Démarche : quadrupède
Régime : carnivore
Époque : triasique inférieur

▸ Lézard

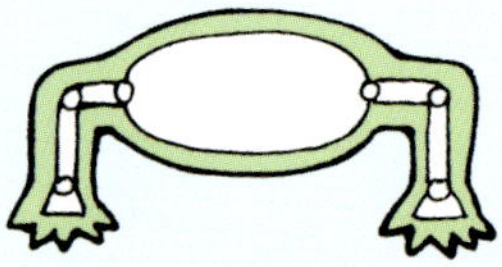

La plupart des reptiles tels que les lézards ont des pattes articulées avec un angle de 90 ° environ, au niveau du genou. Par conséquent, lorsqu'ils se déplacent, ils courbent leur corps de droite à gauche.

▸ Dinosaure

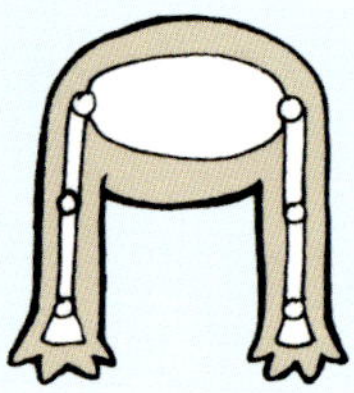

Les dinosaures ont aussi des pattes articulées, mais droites, donc ils marchent debout. C'est pour cela qu'ils pouvaient se déplacer très rapidement.

ON POURRA VRAIMENT VOIR DES DINOSAURES ?
SI ON A DE LA CHANCE...
MAMAAAN !!
BANG !
ÇA, C'EST UN CAROSAURE, UN REPTILE VOLANT.
IL A UNE DRÔLE DE FORME...
GNAK !
ET ÇA, C'EST UN VRAI DINOSAURE !

LES DINOSAURES APPARAISSENT ENFIN

cœlophysis

Signifie : os vide
Classification : saurischien théropode
Longueur : 2,7 mètres
Démarche : bipède
Régime : carnivore
Époque : triasique inférieur

SI LE CŒLOPHYSIS A UN CORPS TRÈS MENU, C'EST LE RÉSULTAT D'UNE BONNE ADAPTATION À SON ENVIRONNEMENT.
BIP !
Caractéristiques du corps du cœlophysis
Le cou en forme de S permet un large champ de vision.
L'angle droit entre le bassin et le fémur lui permet d'atteindre une vitesse rapide.
Avec les pattes avant, il attrape ses proies.
Avec ses longues pattes arrière, il peut marcher droit et courir plus vite et plus longtemps que les reptiles.
Les os de la cheville maintiennent le pied horizontal lors de la marche et de la course.
Les reptiles ont besoin de beaucoup d'eau, alors que le cœlophysis a évolué en vue de bien supporter la sécheresse. Il peut survivre presque sans boire.
DONC, TOUTES CES CARACTÉRISTIQUES CONSTITUAIENT LE CORPS IDÉAL POUR L'ÉCOSYSTÈME DE L'ÉPOQUE !
OH ! C'EST GÉNIAL !
MAIS LE CŒLOPHYSIS PEUT ÊTRE TRÈS CRUEL ET MANGER SES PROPRES PETITS LORSQU'IL EST AFFAMÉ.
Dans les fossiles de cœlophysis, on retrouve souvent des traces des petits qu'ils ont avalés.
Orbite
Dents
Queue
Cou
Pattes avant
Os des petits avalés
Pattes arrière
BOUH ! QUE C'EST CRUEL !

Dinosaures de la période triasique

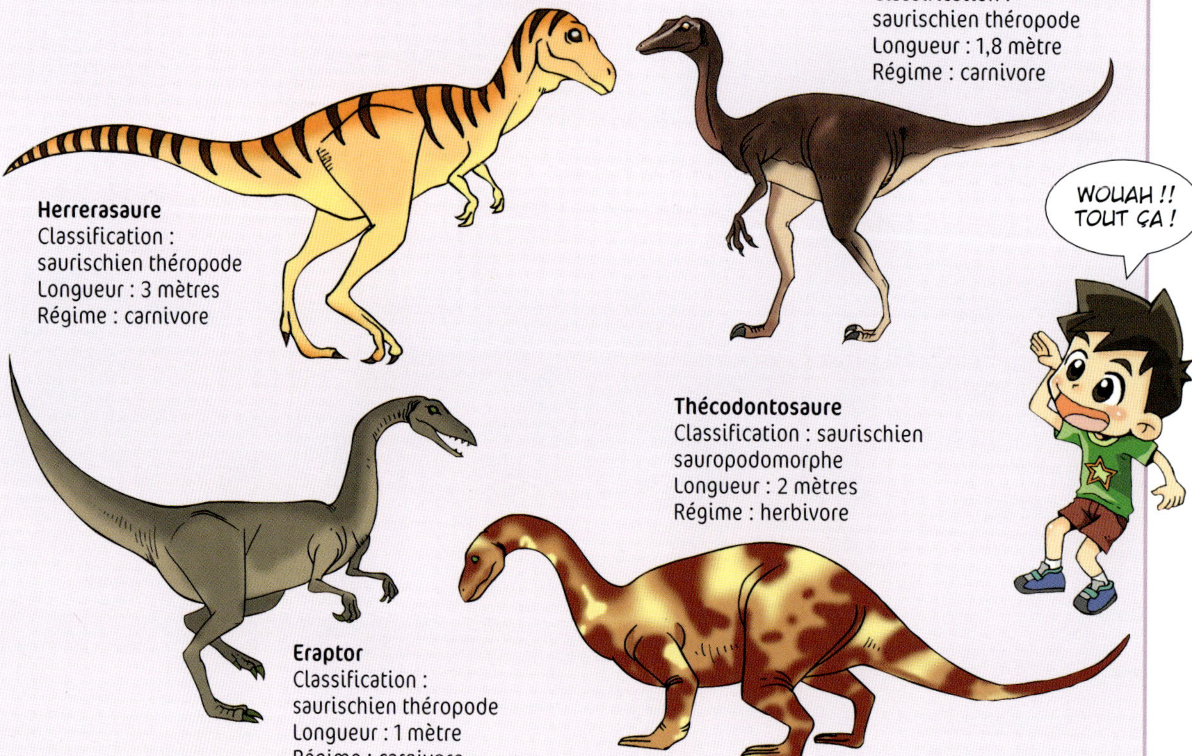

Staurikosaure
Classification : saurischien théropode
Longueur : 1,8 mètre
Régime : carnivore

Herrerasaure
Classification : saurischien théropode
Longueur : 3 mètres
Régime : carnivore

Thécodontosaure
Classification : saurischien sauropodomorphe
Longueur : 2 mètres
Régime : herbivore

Eraptor
Classification : saurischien théropode
Longueur : 1 mètre
Régime : carnivore

ALORS ? AVEC TOUT CE QUI RESTE ENCORE À VOIR, VOUS VOULEZ TOUJOURS RENTRER ?
JE RÉFLÉCHIS...
ET ?
OUI !
RENTRONS !
BOUM !
LES DINOSAURES, C'EST TOUJOURS PAREIL. QUAND ON EN A VU UN, C'EST COMME SI ON LES AVAIT TOUS VUS !
JE VOUS ATTENDS DANS LA MACHINE À VOYAGER DANS LE TEMPS.
ARTHUR !!
WOOZZ !
MOI AUSSI, J'Y VAIS.
ARTHUR, AVEC UNE TELLE CURIOSITÉ, JE N'OSE MÊME PAS IMAGINER LES COMMENTAIRES SUR TON BULLETIN DE NOTES !
JE SUIS DÉSOLÉ, DOCTEUR, MAIS C'EST QUE J'AIMERAIS ALLER DANS LA PROCHAINE PÉRIODE POUR VOIR DES DINOSAURES ENCORE PLUS GRANDS...
BOUM !
AÏE !
AÏE AÏE AÏE ! C'EST QUOI ÇA ?
SLOUTCH SLOUTCH

AAAAAAAAAAAAAH
QU'EST-CE QUE C'EST QUE CE BRUIT ? LES ENFANTS SONT EN DANGER !!
LES ENFANTS !!
TAP TAP TAP
JULIE ! ARTHUR !
DOCTEUR !
REGARDEZ LE DINOSAURE ÉNORME LÀ-BAS !
OUIN !
PFF
PFF
C'EST UN PLATÉOSAURE. IL EST HERBIVORE, DONC INOFFENSIF.

Platéosaure

Signifie : lézard plat **Classification :** saurischien sauropode **Longueur :** 8 mètres	**Démarche :** quadrupède **Régime :** herbivore **Époque :** triasique inférieur

LES RAPIDES CHANGEMENTS DE LA PLANÈTE TERRE

JE SUIS UN MAMMIFÈRE PRIMITIF.
JE RÊVE D'EN VOIR UN...
REGARDE SOUS TES PIEDS.
QUOI ? SOUS MES PIEDS ?
AAAH !
COUIK !
COUIK !
MAMAAAN !! AU SECOURS ! UNE SOURIS, UNE SOURIS !!
Reptile mammalien
Ancêtre des mammifères
CE NE SONT PAS DES SOURIS, CE SONT LES ANCÊTRES DES MAMMIFÈRES !
LES REPTILES MAMMALIENS QUI RÉGNAIENT PENDANT LA PÉRIODE PERMIENNE PALÉOZOÏQUE ONT PROGRESSIVEMENT ÉTÉ REMPLACÉS PAR DES MAMMIFÈRES.

MAIS CES REPTILES MAMMALIENS ONT ÉTÉ PRIVÉS DE LEUR ESPACE VITAL PAR LES DINOSAURES.
ET POURQUOI ?
REGARDEZ BIEN !
BIP
LES DINOSAURES ONT ÉTÉ PLUS RAPIDES POUR S'ADAPTER AUX NOUVEAUX ENVIRONNEMENTS, ET LES REPTILES MAMMALIENS N'ONT PAS RÉUSSI À SUIVRE.
RHA, QU'ILS SONT RAPIDES !!
MAIS LA PRINCIPALE RAISON DE LEUR EXTINCTION, C'EST LE CHANGEMENT CLIMATIQUE.
ALLONS VOIR CE QUI S'EST PASSÉ À LA FIN DE LA PÉRIODE TRIASIQUE...
OUI !
VROAAARRR

BANG !
BANG !
OH ! UN MÉTÉORE EST TOMBÉ !
EN PLUS, VERS LA FIN DE LA PÉRIODE TRIASIQUE, IL Y A EU UNE FISSURE ENTRE L'OCÉAN ATLANTIQUE ET L'OCÉAN INDIEN QUI A PROVOQUÉ L'ÉCLATEMENT DU CONTINENT PANGÉE.
Océan Atlantique
Océan Indien
PENDANT CETTE PÉRIODE, À CAUSE DES IRRUPTIONS VOLCANIQUES, DES TREMBLEMENTS DE TERRE ET DES RAZ-DE-MARÉE, PLUS DE LA MOITIÉ DES ESPÈCES DE REPTILES ONT DISPARU.
CE N'EST PLUS VIVABLE !! PLUTÔT MOURIR !

MAIS LES DINOSAURES, EUX, ONT SURVÉCU ET, DANS LA PÉRIODE SUIVANTE, ILS ONT RÉUSSI À S'IMPOSER.
LA PÉRIODE SUIVANTE, C'EST LE JURASSIQUE ?
OUI C'EST ÇA. TU AS BIEN RETENU.
TENEZ-VOUS BIEN, EN ROUTE POUR LE JURASSIQUE !
VROAAARRRR
BANG !

L'ÂGE D'OR DES DINOSAURES

LA PÉRIODE JURASSIQUE

WOUAH ! IL Y A PLEIN DE FORÊTS PARTOUT ALORS QU'AU TRIASIQUE IL N'Y AVAIT QUE DES DÉSERTS !
C'EST PARCE QUE LA TEMPÉRATURE EST BEAUCOUP PLUS BASSE QU'AU TRIASIQUE.

CEPENDANT, PAR RAPPORT À NOTRE ÉPOQUE, LA TEMPÉRATURE EST PLUS ÉLEVÉE ET IL Y A PLUS DE PLUIE.
C'EST GRÂCE À CETTE TEMPÉRATURE ÉLEVÉE ET À CET AIR HUMIDE QUE LES PLANTES ONT POUSSÉ TRÈS VITE POUR FORMER DES FORÊTS, COMME CELLES DES TROPIQUES.

REGARDEZ LES PLANTES DES FORÊTS DU JURASSIQUE.
MINCE ALORS ! IL N'Y A PAS D'ARBRES FRUITIERS...
BIP
T'INQUIÈTE ! IL Y A PLEIN DE RACINES DE PLANTES QUE TU VAS ADORER !!
À CETTE ÉPOQUE, IL N'Y AVAIT PAS ENCORE DE FLEURS, NI D'ARBRES FRUITIERS.

CEPENDANT, AVEC LA PROGRESSION DE LA PÉRIODE JURASSIQUE, LE NOMBRE DE DINOSAURES ET LES DIFFÉRENTES ESPÈCES ONT CONSIDÉRABLEMENT AUGMENTÉ.
IL Y AVAIT LES DINOSAURES À ARMURES, LES CARNIVORES GÉANTS, ET D'AUTRES ENCORE.

PARMI TOUS CES DINOSAURES, LES PLUS REMARQUABLES ÉTAIENT CEUX DE L'ESPÈCE DES SAUROPODES.
C'EST-À-DIRE ?
LES SAUROPODES ?

ON DISTINGUE EN GROS DEUX CATÉGORIES DE DINOSAURES : LES SAURISCHIAS, QUI ONT UN BASSIN DE LÉZARD, ET LES ORNITHISCHIAS, QUI ONT UN BASSIN D'OISEAU.

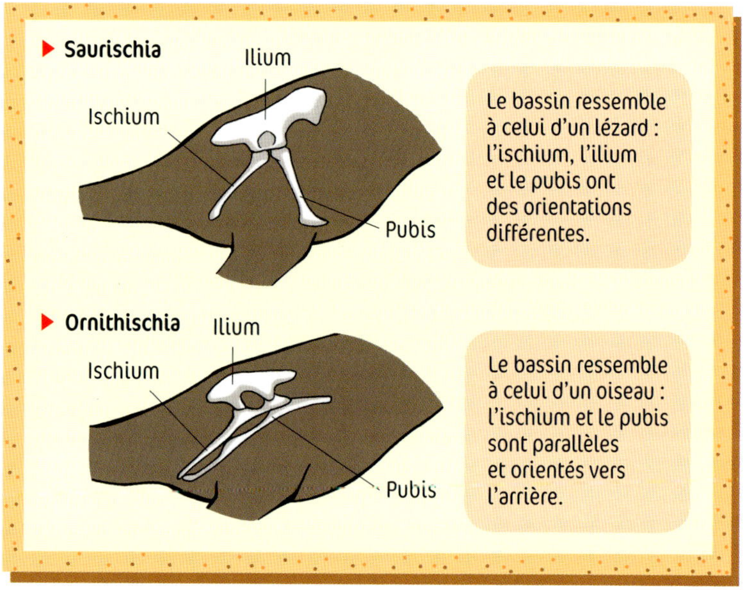
Saurischia
Ilium
Ischium
Pubis
Le bassin ressemble à celui d'un lézard : l'ischium, l'ilium et le pubis ont des orientations différentes.
Ornithischia
Ilium
Ischium
Pubis
Le bassin ressemble à celui d'un oiseau : l'ischium et le pubis sont parallèles et orientés vers l'arrière.

LES SAURISCHIAS SE DIVISENT ENCORE EN SAUROPODOMORPHES ET EN THÉROPODES.

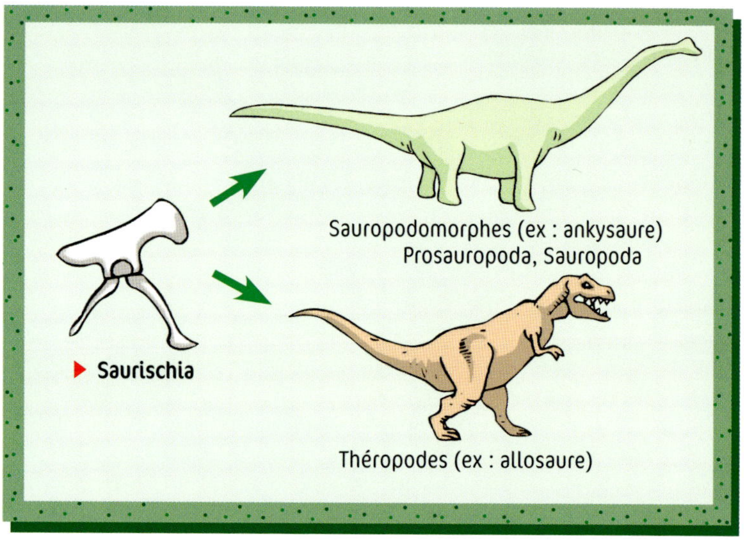
Sauropodomorphes (ex : ankysaure)
Prosauropoda, Sauropoda
Saurischia
Théropodes (ex : allosaure)

LES SAURISCHIAS SE DIVISENT EN DEUX GROUPES : LES HERBIVORES (SAUROPODES) ET LES CARNIVORES (THÉROPODES).
LES ORNITHISCHIAS AUSSI SE DIVISENT EN THYREOPHORES, MARGINOCÉPHALES ET ORNITHOPODES.
Ornithischia
Thyreophores (ex : stégosaure)
Marginocéphales (ex : tricératops)
Ornithopodes (ex : iguanodon)
DONC, LES THÉROPODES SONT CARNIVORES, ET TOUS LES AUTRES SONT DES DINOSAURES HERBIVORES.
SI ON REGARDE LA CLASSIFICATION UN PEU PLUS EN DÉTAIL, À UN NIVEAU INFÉRIEUR, IL Y A DES SOUS-ORDRES, ET PUIS IL Y A DES FAMILLES.
DES FAMILLES ? COMME LES FAMILLES DES CHIENS ET DES CHATS ?
C'EST ÇA.

L'ÉPOQUE DU GÉANT

WOUAH !! C'EST VRAIMENT GIGANTISSIME !!
Brachiosaure
Signifie : lézard à bras
Classification : saurischien sauropode
Démarche : quadrupède
Régime : herbivore
Époque : jurassique inférieur
VOICI LE BRACHIOSAURE. ON L'APPELLE AUSSI "L'ÉLÉPHANT DU JURASSIQUE".

SI ON REGARDAIT D'ENCORE UN PEU PLUS PRÈS ?
C'EST GRAND !
WOUAH !

DOCTEUR, QU'EST-CE QU'IL A MANGÉ POUR DEVENIR GRAND COMME ÇA ?
HA HA ! C'EST GRÂCE À SES OS !

SES OS ?
OUI, LES OS DES DINOSAURES, CONTRAIREMENT À CEUX DES MAMMIFÈRES, CONTINUENT À POUSSER.

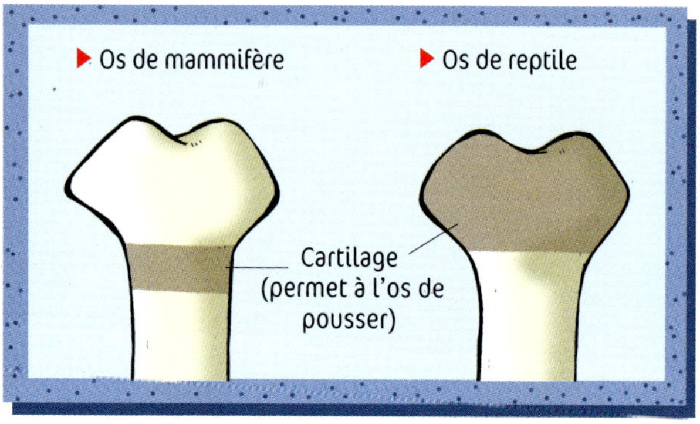
Os de mammifère
Os de reptile
Cartilage (permet à l'os de pousser)

VOUS VOYEZ L'EXTRÉMITÉ DE L'OS DE MAMMIFÈRE ? APRÈS LE CARTILAGE, IL Y A ENCORE DE L'OS, C'EST CE QU'ON APPELLE UNE ÉPIPHYSE. POUR LES MAMMIFÈRES, QUAND LA CROISSANCE S'ARRÊTE, LE CARTILAGE COLLÉ SUR LE BOUT DE L'OS L'EMPÊCHE DE CONTINUER À POUSSER ALORS QUE LES REPTILES COMME LES DINOSAURES N'ONT PAS D'ÉPIPHYSE, DONC ILS CONTINUENT À GRANDIR TANT QU'ILS SONT EN VIE !

▸ Dessin ancien de sauropode

▸ Dessin récent de sauropode

COMME LES DINOSAURES N'AVAIENT AUCUN PROBLÈME AU NIVEAU DE LEUR OSSATURE POUR CONTINUER À GRANDIR, ILS GRANDISSAIENT POUR POUVOIR MANGER TOUTES LES PLANTES FLORISSANTES DE L'ÉPOQUE MÉSOZOÏQUE.
ARTHUR, TOI AUSSI SI TU VEUX GRANDIR, IL FAUT QUE TU MANGES ÉQUILIBRÉ.
MOI ? MAIS TU M'AS PAS DIT QUE J'AVAIS UNE ÉPIPHYSE ?
PFFR !
OUI MAIS LES HOMMES CONTINUENT DE GRANDIR JUSQU'À L'ÂGE ADULTE, DONC IL FAUT BIEN SE NOURRIR PENDANT LA PÉRIODE DE CROISSANCE.
D'ACCORD.
VENEZ PAR ICI ! REGARDEZ LES PATTES DE CE SAUROPODE.
VENEZ VITE !
NON !
JE NE VEUX PAS. IL VA M'ÉCRASER !

LES PATTES D'UN SAUROPODE SONT AUSSI GRANDES ET SOLIDES QU'UN POTEAU CONÇU POUR SUPPORTER UN POIDS TRÈS IMPORTANT.
ET SOUS SES PIEDS, UNE ÉPAISSE COUCHE DE CHAIR LE PROTÈGE DES CHOCS QUAND IL MARCHE.
Rôle de coussin
Répartition du poids
ÇA DOIT ÊTRE CONFORTABLE QUAND IL MARCHE...
MÊME QUAND IL COURT, IL NE DOIT PAS AVOIR MAL !
MAIS REXI, LES BÉBÉS DES SAUROPODES SONT AUSSI GRANDS ?
BIEN SÛR !
REGARDEZ LÀ-BAS, UN DIPLODOCUS SAUROPODE EST EN TRAIN DE PONDRE UN ŒUF À LA LISIÈRE DE LA FORÊT.
Diplodocus
Signifie : double faisceau
Classification : saurischien sauropodomorphe
Longueur : environ 27 mètres
Démarche : quadrupède
Régime : herbivore
Époque : seconde partie du jurassique

CE SONT DES ŒUFS DE DIPLODOCUS. IL Y EN A BEAUCOUP !!
HÉ, ILS SONT PLUS PETITS QU'UN BALLON DE FOOT !
EST CE QU'ILS VONT AVOIR LA MÊME TAILLE QU'UN BÉBÉ CHIEN ?
ET POURQUOI PONDENT-ILS À LA LISIÈRE DE LA FORÊT ?
PATIENCE ! IL FAUT ATTENDRE 3 MOIS...
3 MOIS ??
3 MOIS PLUS TARD...
FROUTCH
FROUTCH
FROUTCH
REGARDEZ LES BÉBÉS !!
POUR AUGMENTER LE TAUX DE SURVIE, ILS ÉCLOSENT TOUS EN MÊME TEMPS.
GNAK !

AU SECOURS !
MAIS C'EST HORRIBLE ! ILS SONT MANGÉS À LA NAISSANCE !
LES SAUROPODES NE PEUVENT PAS ÉLEVER LEURS PETITS À CAUSE DE LEUR CORPS TROP IMPOSANT. DONC, ILS PONDENT BEAUCOUP D'ŒUFS À LA LISIÈRE DE LA FORÊT POUR EN FAIRE SURVIVRE LE PLUS POSSIBLE. AU MOMENT DE L'ÉCLOSION, BEAUCOUP SONT MANGÉS PAR DES PRÉDATEURS, MAIS COMME ILS SONT NOMBREUX, CERTAINS PEUVENT SURVIVRE.
LES SURVIVANTS SE DIRIGENT INSTINCTIVEMENT VERS LA FORÊT.
ILS SE CACHENT DANS LES FEUILLAGES ET SE NOURRISSENT DE FOUGÈRES.
IL EST TOUT PETIT ! IL FAUDRA QU'IL EN MANGE ÉNORMÉMENT POUR DEVENIR COMME SA MAMAN !
LES DINOSAURES ONT UNE CROISSANCE TRÈS RAPIDE. LORSQU'ILS SORTENT DE L'ŒUF, ILS NE PÈSENT QUE QUELQUES KILOGRAMMES MAIS ENSUITE, ILS GROSSISSENT D'UNE TONNE PAR AN. CE QUI FAIT 2 À 3 KILOGRAMMES PAR JOUR...
MIAM MIAM...

GNAK !
ARGL !
CRAAAC
MÊME DANS LA FORÊT, ILS NE SONT PAS TOUJOURS EN SÉCURITÉ. AINSI, RARES SONT CEUX QUI ATTEIGNENT LA TAILLE ADULTE.
OH ! LES PAUVRES.
JUSQU'À QUEL ÂGE VIVENT-ILS DANS LA FORÊT ?
AU BOUT DE 5 ANS, LES DIPLODOCUS ATTEIGNENT UNE LONGUEUR DE 5 MÈTRES ET PÈSENT ENVIRON 5 TONNES.
PUIS ILS QUITTENT LA FORÊT CAR ÇA DEVIENT DIFFICILE POUR EUX DE S'Y DÉPLACER, À CAUSE DE LEUR TAILLE, ET DE L'INSUFFISANCE DE NOURRITURE.
OOOOH...
ON VA CHERCHER UN DIPLODOCUS QUI A QUITTÉ LA FORÊT ?
DOCTEUR, UN DIPLODOCUS QUI QUITTE LA FORÊT, VIT-IL TOUT SEUL ?
OH NON, IL VIT EN GROUPE.
WOUAH, UNE PRAIRIE BIEN DÉGAGÉE !

DOCTEUR, REGARDEZ LE TROUPEAU DE DIPLODOCUS !
OUI.
SCRITCH SCRITCH
MUNCH MUNCH, GLOUPS !
MIAM MIAM
CE DIPLODOCUS A L'AIR TRÈS GOURMAND, IL AVALE TOUT SANS MÂCHER !
OUI, C'EST VRAI !
NON, CE N'EST PAS PARCE QU'IL EST GOURMAND MAIS PARCE QU'IL NE PEUT PAS BIEN MÂCHER. SES DENTS SONT AUSSI ÉPAISSES QUE LA MINE DE CE CRAYON, DONC ELLES NE LUI SERVENT QU'À ARRACHER LES FEUILLES DES BRANCHES.

IL NE RISQUE PAS D'AVOIR MAL AU VENTRE S'IL AVALE TOUTES CES PLANTES SANS LES MÂCHER ?
OUI, ET C'EST POUR ÇA QUE LES SAUROPODES AVALENT DES PIERRES POUR FACILITER LA DIGESTION.
AVALER DES PIERRES ? JE NE COMPRENDS PAS...
OH ! C'EST LA MÊME CHOSE QUE LES POULES QUI PICORENT DU SABLE QUAND ELLES MANGENT !
OUI, C'EST ÇA. LES DINOSAURES, COMME LES POULES, AVALENT DES PIERRES QUI VONT BROYER LES ALIMENTS EN PETITS MORCEAUX. ON APPELLE CES PIERRES, LES GASTROLITHES.
HÉ HÉ, COMME ILS MANGENT BEAUCOUP, ILS VONT FAIRE BEAUCOUP DE CACA, N'EST-CE PAS ?
RHÔ ! DEVANT UNE DEMOISELLE !!
HI HI !
TU AS RAISON. LES EXCRÉMENTS JOURNALIERS D'UN DIPLODOCUS ADULTE PÈSENT PRESQUE UNE TONNE.
UNE TONNE ?? C'EST PRESQUE LE POIDS D'UNE VOITURE !

WOUAH ! C'EST ÉNORME. MAIS J'AI UNE QUESTION. J'IMAGINE QU'IL Y A DE TRÈS NOMBREUX SAUROPODES, COMMENT FONT-ILS QUAND ILS N'ONT PLUS DE NOURRITURE ?

ILS SE DÉPLACENT EN GROUPE VERS UN AUTRE ENDROIT. MAIS TOUS LES SAUROPODES NE MANGENT PAS LA MÊME CHOSE.

Nourriture des sauropodes
Selon leur taille et leur longueur, la hauteur de leur aliment change.
LES SAUROPODES DE LA PÉRIODE JURASSIQUE ONT UNE ALIMENTATION DIFFÉRENTE !
Brachiosaure
Camarasaure
Jeune diplodocus

MYTHES ET RÉALITÉ

Site de fouilles de fossiles en Chine

QUELLE HISTOIRE...
JULIE, REGARDE LÀ-BAS !
QUOI ?
WOUAH ! DES PETITS DIPLODOCUS EN GROUPE !
ILS QUITTENT LA FORÊT !
CES DIPLODOCUS PÈSENT DÉJÀ CINQ TONNES, MAIS POUR SURVIVRE DANS CETTE PLAINE, IL LEUR FAUT L'AIDE DES ADULTES.

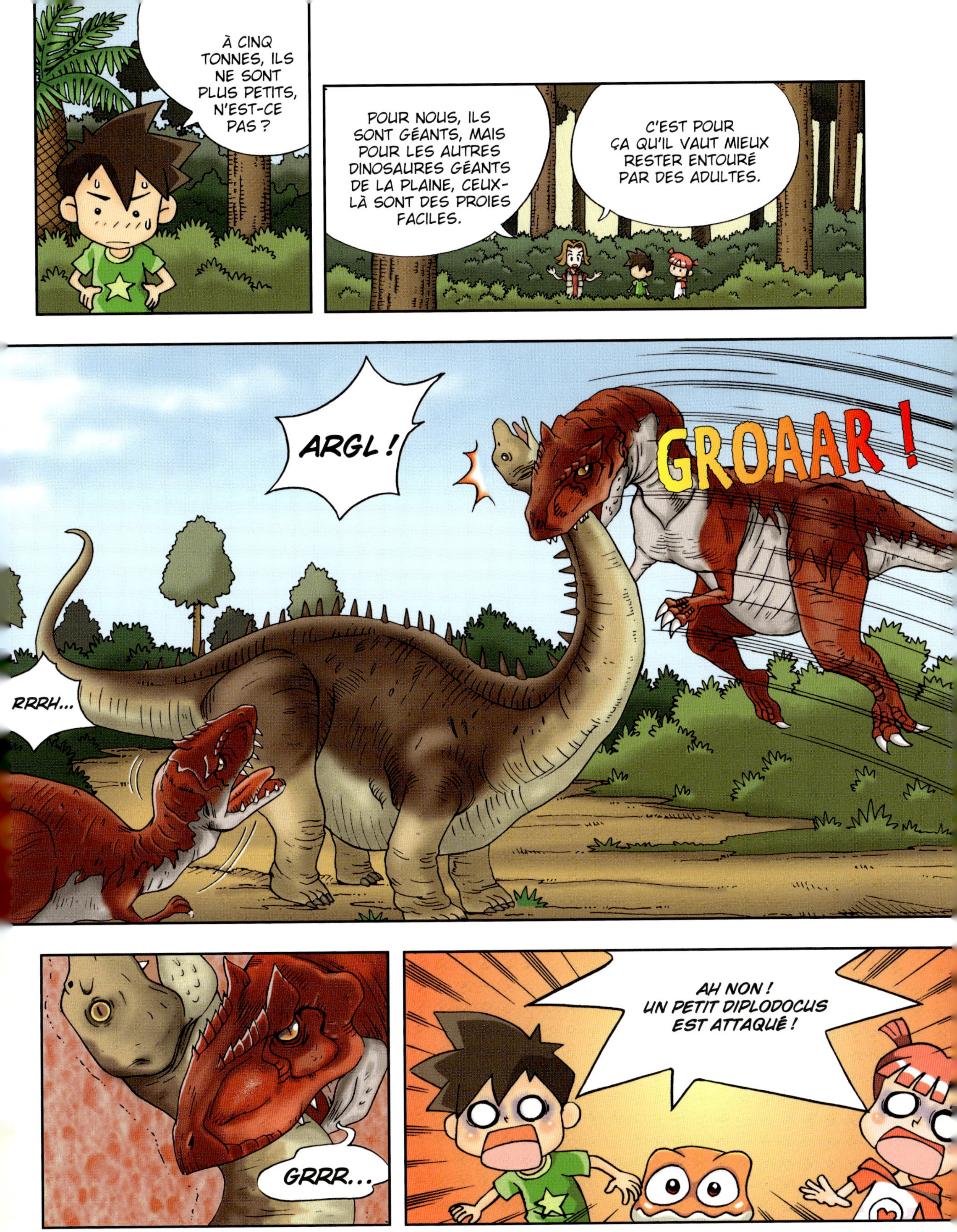
À CINQ TONNES, ILS NE SONT PLUS PETITS, N'EST-CE PAS ?
POUR NOUS, ILS SONT GÉANTS, MAIS POUR LES AUTRES DINOSAURES GÉANTS DE LA PLAINE, CEUX-LÀ SONT DES PROIES FACILES.
C'EST POUR ÇA QU'IL VAUT MIEUX RESTER ENTOURÉ PAR DES ADULTES.
ARGL !
GROAAR !
RRRH...
GRRR...
AH NON ! UN PETIT DIPLODOCUS EST ATTAQUÉ !

UN PRÉDATEUR REDOUTABLE

Allosaure

Signifie : étrange reptile
Longueur : 12 mètres
Démarche : bipède
Régime : carnivore
Époque : jurassique inférieur

DOCTEUR, EST-CE QUE LES DINOSAURES CARNIVORES ONT AUSSI BESOIN DES GASTROLITHES ?
NON, CAR GRÂCE AUX SUCS GASTRIQUES ET AUX ENZYMES, ILS DIGÈRENT ASSEZ VITE.
ILS STOCKENT ÉGALEMENT LES NUTRIMENTS DANS LEUR CHAIR ET DANS LEUR COUCHE GRASSE, ET UN REPAS LEUR PERMET DE NE PAS SE NOURRIR PENDANT PLUSIEURS JOURS.
C'EST PRATIQUE !
PAS TOUJOURS, CAR LES DINOSAURES CARNIVORES ONT BESOIN DE CHASSER ET POUR CELA, ILS ONT BESOIN DE BEAUCOUP D'ÉNERGIE...
BOUM
AH !
EN VOILÀ UN AUTRE !
CE CE... DINO...
C'EST LE TARBOSAURE ?

Tarbosaure

Signifie : lézard angoissant
Classification : saurischien théropode
Longueur : 10 mètres
Démarche : bipède
Régime : carnivore
Époque : jurassique inférieur

RRRRRH !
IL A ÉVOLUÉ EN VOLANT LES BUTINS DES AUTRES PRÉDATEURS.
HÉ, L'ALLOSAURE, LE LION DU JURASSIQUE, IL S'ENFUIT SANS SE BATTRE ! QUEL PEUREUX !
S'IL SE BLESSE EN SE BATTANT, IL RISQUE D'Y LAISSER SA PEAU.
MAIS QUAND MÊME...
REGARDEZ, LES DENTS DU TARBOSAURE SONT BEAUCOUP PLUS GRANDES QUE CELLES DE L'ALLOSAURE. DE PLUS, LA FORCE DE LA MÂCHOIRE DU TARBOSAURE EST TELLE QU'IL PEUT BROYER LES OS.
Crâne de l'allosaure
Crâne du tarbosaure

Fossiles de pas de dinosaure à Gosung (Corée)

DOCTEUR, L'ALLOSAURE REVIENT !
IL N'A PAS DÛ APPRÉCIER QU'ON LUI PIQUE SON DÉJEUNER.
IL VIENT PAR ICI ?
JULIE, ARTHUR, VOUS COURREZ UN 100 MÈTRES EN COMBIEN DE SECONDES ?
18 SECONDES !!
RETOURNEZ-VOUS, PRÊTS... FEU !
PARTEZ !!
REXI FAIT SEMBLANT D'ÊTRE MORT.

ENTRONS DANS LA FORÊT !!
AAAAAAA AAAAAH !!
NE REGARDEZ PAS DERRIÈRE ! CONTINUEZ À COURIR !!
GRRRRRR !
MAMAN !!

BOUM !
PFF !
PFF !
OUF !
AÏE ! AÏE !
ON EST SAUVÉS !
ON A FAILLI MOURIR !
OUF !
OH ! JE NE VOIS PAS REXI...
OÙ EST-IL ?
REXI !
REXI !

DOCTEUR, ON NE LE VOIT PAS...
PEUT-ÊTRE QU'IL S'EST PERDU...
MAIS J'HALLUCINE ?! VOUS ÊTES EN TRAIN DE M'ENTERRER ?
??
REXI, TU ES EN VIE !
BOUM
REXI !
MAIS OÙ ÉTAIS-TU ? ON TE CROYAIT MORT !!
AVEC MES PETITES PATTES, JE NE POUVAIS PAS COURIR...
HMPF !
NOTRE REXI CHÉRI, C'EST TROP CHOUETTE DE TE REVOIR !
MERCI MERCI, TOUT LE MONDE !
BON, MAINTENANT ON VA SORTIR DE LA FORÊT !
SORTONS !

ON DIRAIT LA JUNGLE D'AMAZONIE !
OUI, C'EST VRAI.
MAIS PUISQU'IL Y A BEAUCOUP D'ARBRES DANS CETTE FORÊT, IL NE DOIT PAS Y AVOIR DE DINOSAURES GÉANTS CARNIVORES, NON ?
SI, CETTE FORÊT PEUT ÊTRE ENCORE PLUS DANGEREUSE.
PARCE QUE DANS CETTE FORÊT, IL Y A DE PETITS DINOSAURES HERBIVORES QUE LES CARNIVORES VIENNENT MANGER...
AH !

Cératosaure

Signifie : lézard à corne
Classification : saurischien théropode
Longueur : 6 mètres
Démarche : bipède
Régime : carnivore
Époque : jurassique inférieur

Camptosaure

Classification : ornithischien ornithopode
Longueur : 6 mètres
Démarche : bipède
Régime : herbivore
Époque : jurassique inférieur

CE DINOSAURE A UNE CORNE SUR LE NEZ !
LA CORNE QUE TU VOIS EST TELLEMENT FINE QU'ELLE EST PLUS PROCHE D'UNE CRÊTE DE COQ QUE D'UNE CORNE.
QU'EST-CE QU'IL MANGE ? ÇA N'A PAS L'AIR D'ÊTRE UN SAUROPODE.
PEUT-ÊTRE QU'IL EST EN TRAIN MANGER UN CAMPTOSAURE...
Camptosaure
Dinosaure herbivore représentatif du jurassique.
CHUT ! ON VA PASSER SANS FAIRE DE BRUIT.

Dinosaures carnivores du jurassique

Dilophosaure
Classification : saurischien théropode
Longueur : 6 mètres

Sinraptor
Classification : saurischien théropode
Longueur : 7,5 mètres

Mégalosaure
Classification : saurischien théropode
Longueur : 9 mètres

Poekilopleuron
Classification : saurischien théropode
Longueur : 9 mètres

DIVERSES MÉTHODES DE DÉFENSE

Stégosaure

Signifie : reptile à toit
Classification : ornithischien thyréophore (stégosaurus)
Longueur : 9 à 12 mètres
Démarche : quadrupède
Régime : herbivore
Époque : jurassique inférieur

ON SE REPOSE ICI EN ATTENDANT.
ON ATTEND QUOI ?
ON ATTEND QUE LE STÉGOSAURE S'EN AILLE.
IL VOUS EFFRAIE TANT QUE ÇA, LE STÉGOSAURE ?
BOUM BOUM BOUM
C'EST QUOI CE BRUIT ?
POUM
OUA AA AAA !
POUM
IL NOUS A POURSUIVIS JUSQU'ICI !
COURONS VITE JUSQU'À LA MACHINE !

C'EST UN DINOSAURE PERSÉVÉRANT !
POUM
POUM
POUM
GRRR
EUH ?!
VLAM !

SLASH !
SLASH !
DOCTEUR, LE STÉGOSAURE A ATTAQUÉ L'ALLOSAURE !!
QUOI ?
ÇA Y EST ! C'EST LE MOMENT DE REMONTER DANS NOTRE MACHINE...
OUI !
GRRRRR...
C'EST BON, ON EST SAUVÉS GRÂCE AU STÉGOSAURE...
KRRRRR

LE STÉGOSAURE A L'AIR DE BOUILLIR DE COLÈRE. MAIS EST-CE QU'UN DINOSAURE HERBIVORE PEUT GAGNER CONTRE UN CARNIVORE ?
ON VA BIEN VOIR. LE STÉGOSAURE A DES PLAQUES CUIRASSÉES SUR LE DOS QUI ONT DES VAISSEAUX SANGUINS TRÈS DÉVELOPPÉS, CE QUI LUI PERMET DE RÉGULER SA TEMPÉRATURE.
ET ÇA PEUT FAIRE PEUR À SES ENNEMIS ?
OUI, C'EST ÇA.
VLAM !
ET LES ÉPINES EN OS SUR SA QUEUE SONT UNE ARME REDOUTABLE POUR LE STÉGOSAURE, QUI EST TROP LENT DANS SES MOUVEMENTS POUR SE PROTÉGER D'AUTRES DINOSAURES CARNIVORES.
GRRR
OH ! L'ALLOSAURE S'ENFUIT !
PFWIT !
ZUT !
IL A COMPRIS QU'IL NE POUVAIT PAS GAGNER..
PSHHHH

WOUAH ! QU'IL EST BEAU CE DINOSAURE... À PARTIR DE MAINTENANT, IL SERA MA MASCOTTE !
MAIS Y'A UN PÉPIN ! LE CERVEAU DU STÉGOSAURE EST AUSSI PETIT QUE CELUI D'UN CHIEN. IL N'EST PAS TRÈS FUTÉ !
COMME TOI.
QUOI ?
HA HA HA !
OH DOCTEUR... VOUS N'AVEZ PAS L'IMPRESSION D'AVOIR OUBLIÉ QUELQUE CHOSE ?
EUH, JE NE SAIS PAS QUOI...
JE NE VOIS VRAIMENT PAS...
AH BON ?
JE LES DÉTESTE !

DOCTEUR, REXI N'EST PAS LÀ !
QUOI ?!
ON VA DESCENDRE LE CHERCHER.
PSSSH
REXI !
REXI !
C'EST PAR ICI QU'ON S'EST SÉPARÉS...
REXI !
PAR ICI !
OH ?
OUPS !
STÉGOSAURE !!

Kentrosaure

Signifie : lézard pointé
Classification : ornithischien thyréophores (stégosaurus)
Longueur : 5 mètres
Démarche : quadrupède
Régime : herbivore
Époque : jurassique inférieur

AVEC TOUTES CES ÉPINES, IL NE RISQUE PAS D'ÊTRE DÉRANGÉ !
SSSSSSS
C'EST VRAI !
REXI, TU N'AS RIEN ?
DOCTEUR !
ON A EU PEUR POUR TOI !
DÉSOLÉ...
BON ALLEZ, ON FERAIT MIEUX DE RENTRER.
OUI !
TSSSSSSS
C'EST QUOI CE BRUIT ?

REGARDEZ !
TSSSSSSS
LE BRUIT VIENT DE LA QUEUE !
GRRR RRR
AAAAAAAH LE REVOILÀ !
BLONG BLONG
DOCTEUR ! LE SAUROPODE VA SE FAIRE MANGER !
NE T'INQUIÈTE PAS ! IL EST PLUS REDOUTABLE QU'IL N'EN A L'AIR.
IL LUI SUFFIT DE SECOUER LA QUEUE, MÊME LÉGÈREMENT, ET DE S'EN SERVIR COMME UN FOUET !
WOUAH, C'EST IMPRESSIONNANT !

LE PETIT GÉANT DU JURASSIQUE

PRRRRRIT
TADA !
DOCTEUR, C'EST UN PETIT DINOSAURE !
OÙ ÇA ? OÙ ÇA ?
ARTHUR, CE N'EST QU'UN LÉZARD !
OUPS, LA HONTE !
PAF
HA HA HA !
ARRRGH !
FSCHHHH

Ornitholeste

Signifie : voleur d'oiseaux
Classification : saurichien théropode
Longueur : environ 2 mètres
Démarche : bipède
Régime : carnivore
Époque : jurassique inférieur

SSHHH
WOUAH ! QUELLE VITESSE !
POUR LES PETITS THÉROPODES, LA VITESSE ÉTAIT VITALE.
LE RÉGIME DES THÉROPODES ÉTAIT CONSTITUÉ DE PETITS LÉZARDS ET D'INSECTES, ABONDANTS AU JURASSIQUE.
COUAC COUAC
COUAC
C'EST QUOI CE BRUIT ? ÇA VIENT D'OÙ ?
COUAC
DE JUSTE EN FACE !
COUAC
COUAC
COUAC

Compsognathus

Signifie : mâchoire délicate
Classification : saurichien théropode
Longueur : 1 mètre
Démarche : bipède
Régime : carnivore
Époque : jurassique inférieur

FSCHHHH
PARTONS D'ICI !
VITE !
RESTONS ENCORE UN PEU, ILS SONT MIGNONS ET JE VEUX VOIR S'ILS AIMENT LES SAUCISSES EUX AUSSI !
MAIS POURQUOI ?
ARTHUR LEUR A DONNÉ À MANGER...
ALORS CES DINOSAURES RISQUENT DE NOUS PRENDRE POUR DE LA NOURRITURE NOUS AUSSI, C'EST DANGEREUX !
NOURRITURE ?
NOUS ?

MIAM, C'EST BON !
COUAC
ÇA A L'AIR BON ÇA AUSSI...
COUAC
J'AI ENCORE FAIM...
COUAC
ET SI ON LES CROQUAIT ?
AAAAAA AAAAH ! COURRONS !
ARTHUR, TROUILLARD !
ATTENDS-MOI !
COUAC
COUAC
ILS ONT ENCORE OUBLIÉ QUE J'AI DE TROP PETITES JAMBES !
COUAC
COUAC
COUAC

OÙ REXI EST-IL ENCORE PASSÉ ?
EH BIEN...
REXI NOUS A QUITTÉS !
CETTE FOIS-CI, C'EST SÛR...
NON, JE NE SUIS PAS ENCORE MORT !
CRÉTINS D'HUMAINS !
....
PFF !
HA HA HA !
QU'EST-CE QUI VOUS FAIT RIRE ?
PFFF
HA HA !

LES COMPAGNONS DU DINOSAURE

LES REPTILES DU CIEL

Archæoptéryx

Signifie : aile antique
Longueur des ailes : 60 cm
Régime : carnivore
Époque : jurassique inférieur

LES PTÉROSAURES SONT-ILS DES OISEAUX EUX AUSSI ?
OUI, JE VOUS AI DÉJÀ DIT QU'ILS N'ÉTAIENT PAS CONSIDÉRÉS COMME DES DINOSAURES.
IL Y A TROIS GRANDES CATÉGORIES D'ANIMAUX VOLANTS SUR TERRE : LES PTÉROSAURES, LES CHAUVE-SOURIS ET LES OISEAUX. REGARDEZ BIEN.
BIP
LES PATTES AVANT ONT ÉVOLUÉ EN AILES POUR TOUS.
CHEZ LES OISEAUX, LES DIFFÉRENTS DOIGTS ONT FUSIONNÉ POUR N'EN FORMER PLUS QU'UN SEUL QUI CONSTITUE L'AILE. CHEZ LES CHAUVE-SOURIS, TOUS LES DOIGTS ONT FUSIONNÉ, SAUF LE POUCE.
POUR LES PTÉROSAURES, SEUL LE QUATRIÈME DOIGT A ÉVOLUÉ EN AILE.
COMMENT FONT-IL POUR VOLER ALORS ?
Chauve-souris
Oiseau
Ptérosaure

VOUS VOULEZ ALLER VOIR COMMENT LES PTÉROSAURES FONT POUR VOLER ?
OUI !
C'EST PARTI !
VROOOO
WOUAH, C'EST LA MER !
COOL, IL Y A PLEIN DE PTÉROSAURES !
REGARDEZ LÀ-HAUT !
WHOOOO

Rhamphorhynchus

Signifie : bec-mâchoire
Classification : rhamphorhynchidae
Longueur du corps : environ 60 cm
Longueur des ailes : 80 cm
Époque : jurassique inférieur

FLIK !
FLIK !
OH ! REGARDE SES DENTS !
OUI, C'EST BIEN UTILE POUR ATTRAPER DES POISSONS GLISSANTS...
DOCTEUR, EST-CE QUE LE PTÉROSAURE VOLE VRAIMENT OU EST CE QU'IL SE CONTENTE DE PRENDRE DE L'ÉLAN ET D'UTILISER LE VENT POUR PLANER ?
JUSQU'À MAINTENANT, ON PENSAIT QU'IL NE VOLAIT PAS BIEN À CAUSE DE LA MEMBRANE DE SES AILES...
... MAIS DES ÉTUDES SUR SES AILES MONTRENT QUE CE SONT DES ORGANES TRÈS DÉVELOPPÉS EN FIBRE MUSCULAIRE.
GRÂCE À SES AILES, LE PTÉROSAURE DISPOSAIT DE PLUSIEURS INFORMATIONS, TELLES QUE LA VITESSE DE L'AIR OU LA POSITION DE SON CORPS. IL AVAIT UNE TECHNIQUE DE VOL PLUS POINTUE QUE LES OISEAUX D'AUJOURD'HUI !
AH D'ACCORD !
ÇA VEUT DIRE QU'IL VOLAIT BIEN ALORS !

LES PTÉROSAURES SE DIVISENT EN DEUX GRANDS GROUPES. VOUS COMPRENDREZ MIEUX SI VOUS REGARDEZ LE DESSIN.
BIP

CELUI QUI A UNE LONGUE QUEUE, C'EST LE RHAMPHORHYNCHUS, ET CELUI AVEC LA QUEUE COURTE, C'EST LE PTÉRODACTYLE.
OUI, MAIS IL EXISTE AUSSI LE RHAMPHORHYNCHUS À QUEUE COURTE.

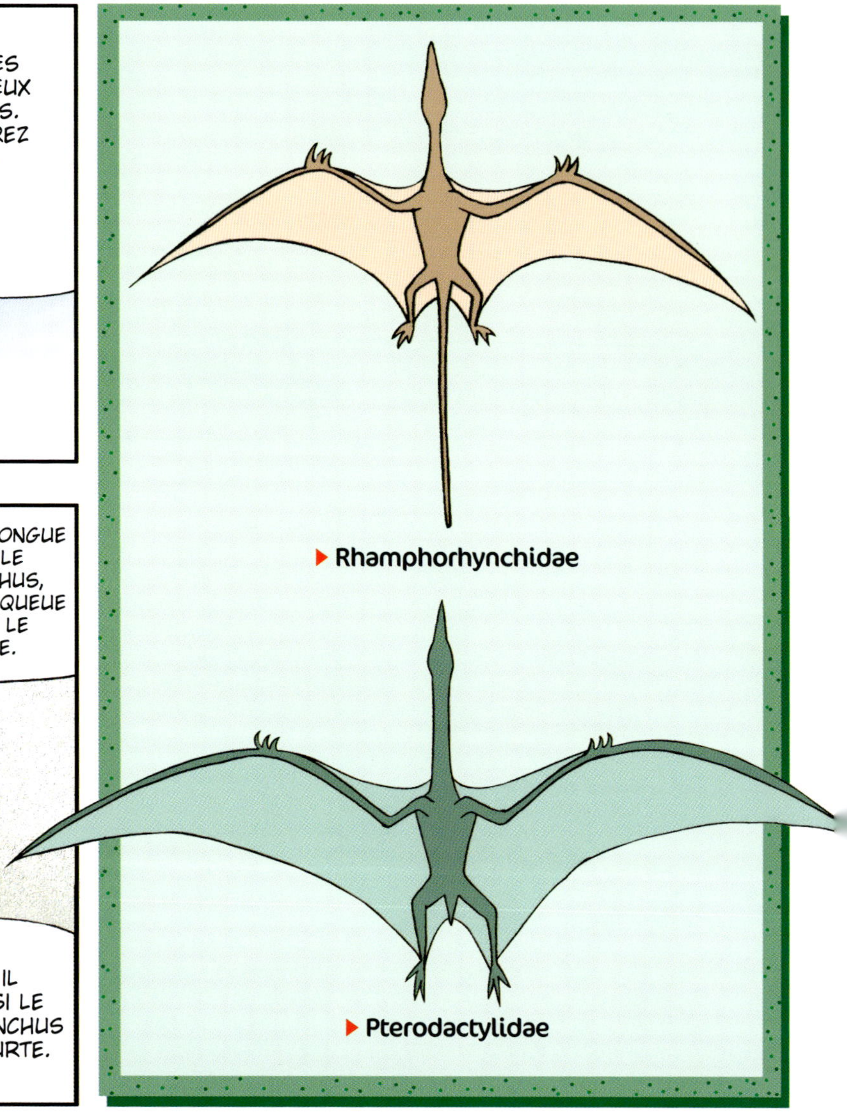
Rhamphorhynchidae
Pterodactylidae

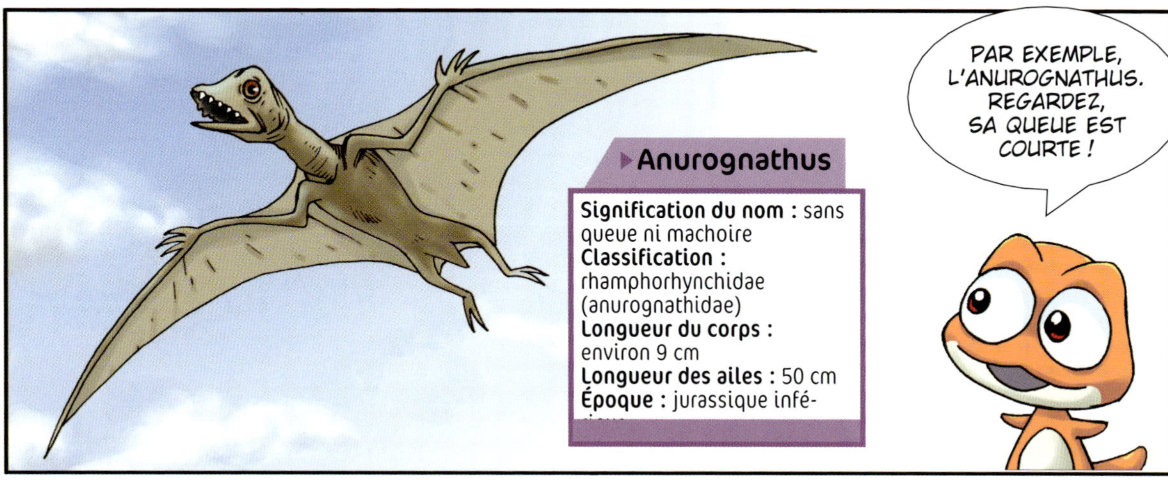
PAR EXEMPLE, L'ANUROGNATHUS. REGARDEZ, SA QUEUE EST COURTE !
Anurognathus
Signification du nom : sans queue ni machoire
Classification : rhamphorhynchidae (anurognathidae)
Longueur du corps : environ 9 cm
Longueur des ailes : 50 cm
Époque : jurassique infé-

AU CRÉTACÉ, LA TAILLE DU PTÉROSAURE EST DEVENUE PLUS GRANDE, ET IL N'ÉTAIT PAS RARE D'EN RENCONTRER DONT L'ENVERGURE DÉPASSAIT DIX MÈTRES.
AAAAAAAAH ! C'EST QUOI, ÇA ?
ZUT ! ON A FAILLI LUI RENTRER DEDANS !
INCROYABLE ! C'EST UN ORNITHOCHEIRUS ! SON ENVERGURE ATTEINT 12 MÈTRES ET IL PÈSE ENVIRON 100 KG ! C'EST UN VÉRITABLE MAÎTRE DU CIEL !

WOUAH ! ILS SONT VRAIMENT GIGANTESQUES !
AVEC UNE TELLE TAILLE... ILS POURRAIENT MÊME MANGER LES DINOSAURES !
IL Y A PEU DE RISQUES QUE ÇA ARRIVE, ILS NE SONT PAS FÉROCES.
LA PLUPART DES PTÉROSAURES COMME LE RHAMPHORHYNCHUS MANGENT DES POISSONS.
CERTAINES ESPÈCES SE NOURRISSENT DE CRUSTACÉS, COMME DES COQUILLAGES ET DES CREVETTES, QU'ILS PÊCHENT À MARÉE BASSE.

AVEC LEUR LONG BEC, ILS PEUVENT TOUT ATTRAPER.
OH !
REGARDEZ CE PTÉROSAURE ! IL A UNE FORME DE BEC TRÈS ÉTRANGE...
CELUI-CI EST UN PTERODAUSTRO. IL A DES DENTS TRÈS LONGUES ET TRÈS SERRÉES.
IL S'EN SERT COMME D'UNE PASSOIRE POUR ATTRAPER DES PETITES CREVETTES ET DES POISSONS.
WOUAH, C'EST BIZARRE.
MAIS TOUS LES PTÉROSAURES VIVENT AU BORD DE L'EAU ?

CERTAINS PTÉROSAURES VIVENT EN MONTAGNE OU EN PLAINE. ILS SE NOURRISSENT DE PETITS LÉZARDS OU D'INSECTES.
IL Y EN A D'AUTRES QUI VIVENT GRÂCE AUX DINOSAURES HERBIVORES GÉANTS.
BIP
DE MÊME QUE LES PLUVIANS FLUVIATILES NETTOIENT LES DENTS DES CROCODILES, CES PTÉROSAURES MANGENT LES INSECTES COLLÉS SUR LE CORPS DES DINOSAURES.
DE CETTE MANIÈRE, LE DINOSAURE MAINTIENT SON HYGIÈNE ET PROCURE AU PTÉROSAURE SA NOURRITURE.
JULIE, JE T'INVITE À DÎNER SUR LE DOS D'UN HERBIVORE ?
BERK NON !

Les différents ptérosaures

Tupuxuara
Signifie : esprit amical
Longueur : 5,5 mètres
Époque : crétacé supérieur

Dimorphodon
Signifie : deux formes de dents
Longueur : 1 mètre
Époque : jurassique supérieur

Sordes
Signifie : diable
Longueur : 50 cm
Époque : jurassique inférieur

Pterodaustro
Signifie : Aile du sud
Longueu : jurassique inférieur

Scaphognathus
Signifie : menton à défense
Longueur : 1 mètre
Époque : jurassique inférieur

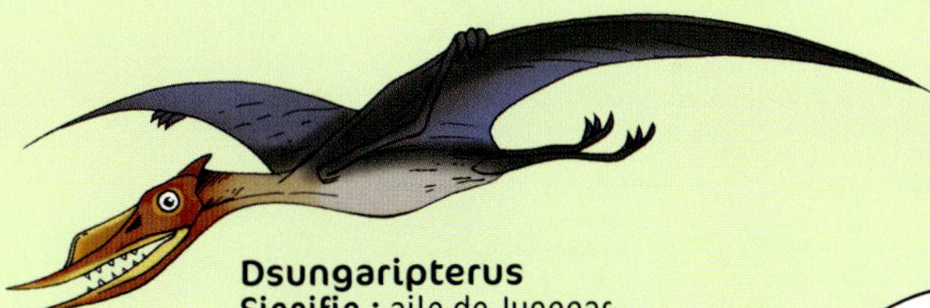

Dsungaripterus
Signifie : aile de Junggar
Longueur : 3 mètres
Époque : crétacé supérieur

Eudimorphodon
Signifie : à la vraie double morphologie dentaire
Longueur : 75 cm
Époque : jurassique inférieur

LES REPTILES DE LA MER

SHOUUUUUUU
PLOUF
BLOUB
BLOUB
QUELLE EST CETTE OMBRE NOIRE ?
UN ICHTYOSAURE !

Ophtalmosaurus
Signifie : lézard à œil
Longueur : 3,5 mètres
Époque : jurassique inférieur
CET ICHTYOSAURE S'APPELLE L'OPHTALMOSAURUS.
BIP

REGARDEZ SES YEUX. NE SONT-ILS PAS IMMENSES ? AUTOUR, DES PETITS ANNEAUX D'OS LUI PERMETTENT DE SUPPORTER UNE FORTE PRESSION LORSQU'IL DESCEND DANS LES EAUX PROFONDES.
AVEC SA LONGUE MÂCHOIRE POINTUE, IL POUVAIT AUSSI ATTRAPER DES PETITS POISSONS OU DES CALAMARS !

AU TRIASIQUE, LES ICHTYOSAURES ÉTAIENT NOMBREUX, ET CERTAINS MESURAIENT PRÈS DE 15 MÈTRES.
Shonisaurus
Signifie : mystérieux lézard
Longueur : 15 mètres
Époque : trias inférieur

MAIS APRÈS LA PÉRIODE JURASSIQUE, EN ARRIVANT AU CRÉTACÉ, ILS ONT PRESQUE TOUS DISPARU.
POURQUOI ?
CELA CORRESPOND À L'APPARITION DU REQUIN, QUI EST DEVENU LEUR PRINCIPAL PRÉDATEUR.
BIP
ON VA SE PROMENER ENCORE UN PEU ?
VROOO
DOCTEUR, J'AI UNE QUESTION ! L'ICHTYOSAURE ET LE PLÉSIOSAURE SONT DES REPTILES. COMMENT POUVAIENT-ILS VIVRE SOUS L'EAU SANS RESPIRER ?
BONNE QUESTION.
ILS RESPIRAIENT PAR LES POUMONS. ILS ÉTAIENT DONC OBLIGÉS DE REMONTER À LA SURFACE DE L'EAU DE TEMPS EN TEMPS.
DOCTEUR, REGARDEZ LÀ-BAS !

Mosasaurus

Signifie : lézard de la Meuse
Longueur : plus de 9 mètres
Époque : crétacé inférieur

OH, IL S'ÉLOIGNE !
HA HA HA !
C'EST UN PEUREUX !
GOUUUUUUUU

HEIN ? C'EST QU
ÇA ?
KR
KRR
KRR
KRRRRRRR
KLONK
ARRRGH !
NOOON !

QUE SE PASSE-T-IL ?
CELUI-CI EST LE PLUS GRAND REPTILE MARIN CARNIVORE DE TOUTE L'HISTOIRE DE LA PLANÈTE, LE LIOPLEURODON !
LA LONGUEUR DE CERTAINS SPÉCIMENS DÉPASSE 25 MÈTRES ET ILS PEUVENT PESER JUSQU'À 100 TONNES.
MAIS NE VOUS INQUIÉTEZ PAS ! LA MACHINE QUE J'AI FABRIQUÉE PEUT SUPPORTER SANS PROBLÈME CE GENRE DE RENCONTRE !
JE VOIS...
CRAAAAC
ZIIIIP
INQUIÉTANT...
TCHOUM !!
AHHHHHHH
OUILLE, QUE C'EST DUR !

WIZZZ
BAM !
ARRRGH, ARRRRGH...
ON EST SAUVÉS...
IL A DÛ COMPRENDRE QUE NOUS N'ÉTIONS PAS COMESTIBLES.
MAIS OÙ SOMMES-NOUS ?
JE NE SAIS PAS...
ET SI ON SE REPOSAIT UN PEU EN MANGEANT QUELQUE CHOSE ?
WOUAH
MIAM MIAM !
C'EST BON...
MUNCH (DOCTEUR), MUNCH (C'EST QUOI, ÇA ?)
TU PEUX RÉPÉTER LA QUESTION ?
OH, C'EST UN PLÉSIOSAURE !

Plésiosaure

Signifie : lézard en ruban
Longueur : 2,5 mètres
Époque : jurassique supérieur

ALLONS, ON VA REMONTER À LA SURFACE.
VROOOOOO
WOUAH, CE PLÉSIOSAURE A UN COU ENCORE PLUS LONG...
C'EST UN ELASMOSAURUS QUI EST REMONTÉ À LA SURFACE POUR RESPIRER !
PARMI LES REPTILES MARINS, C'EST CELUI QUI A LE COU LE PLUS LONG. SON COU COMPTE 76 OS À LUI SEUL, ET IL REPRÉSENTE PLUS DE LA MOITIÉ DE LA LONGUEUR DU CORPS. S'IL ÉTEND SON COU, IL PEUT ATTRAPER UN PTÉROSAURE EN PLEIN VOL !
Elasmosaurus
Signifie : lézard à plaque
Longueur : 13 à 16 mètres
Époque : crétacé inférieur

JULIE, REGARDE ÇA !
SHHHHH
QUOI ?
L'ELASMOSAURUS ! IL NAGE BEAUCOUP PLUS VITE QUE J'IMAGINAIS !
EUX AUSSI ONT DES NAGEOIRES QUI ONT ÉVOLUÉ À PARTIR DE CE QUI AUTREFOIS ÉTAIT DES PATTES. EN BOUGEANT LEURS NAGEOIRES COMME DES AILES, ILS NAGENT AUSSI VITE ET PLONGENT AUSSI BIEN QUE DES POISSONS.
SPLASH
DOCTEUR, ON VA OÙ MAINTENANT ?
MAINTENANT, ON VA ALLER VOIR DES DINOSAURES ENCORE PLUS MONSTRUEUX.
ARHH !
HA HA HA ! NE VOUS INQUIÉTEZ PAS, CETTE FOIS, ON LES VERRA EN TOUTE SÉCURITÉ.
CE N'EST PAS RASSURANT DU TOUT…

Divers reptiles marins

Mixosaurus
Signifie : lézard mélangé
Longueur : 1 mètre
Époque : milieu du trias

Muraenosaurus
Signifie : lézard anguille
Longueur : 6 mètres
Époque : jurassique inférieur

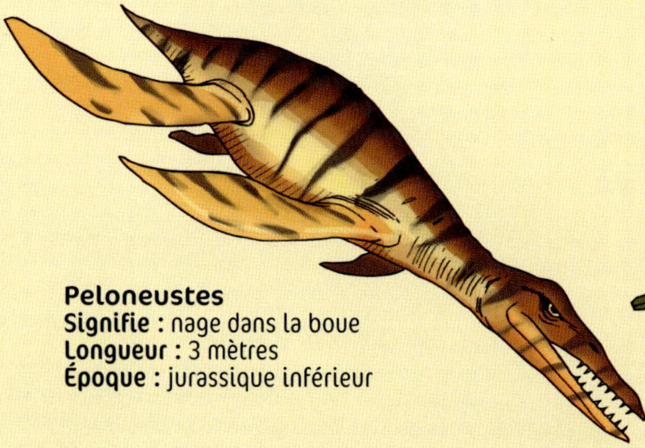

Peloneustes
Signifie : nage dans la boue
Longueur : 3 mètres
Époque : jurassique inférieur

Stenopterygius
Signifie : aile étroite
Longueur : 3 mètres
Époque : jurassique inférieur

Cymbospondylus
Signifie : petit bateau à vertèbres
Longueur : 10 mètres
Époque : milieu du trias

Archelon
Signifie : tortue primitive
Longueur : 3,6 mètres
Époque : crétacé inférieur

MONDE CRUEL

LE CRÉTACÉ

Magnolia

Noyer

À PARTIR DU MILIEU DU CRÉTACÉ, LES CONTINENTS SE DIVISENT ET FORMENT CHACUN LEUR PROPRE ÉCOSYSTÈME.
Amérique du Nord
Europe
Asie
Afrique
Amérique du Sud
Inde
Océanie
Continent pôle Sud
PAR CONSÉQUENT, LES DINOSAURES ONT ENCORE ÉTÉ AMENÉS À ÉVOLUER.
MAIS ILS ONT EVOLUÉ COMMENT ?
L'ISOLEMENT DES DIFFÉRENTS ENVIRONNEMENTS A ACCÉLÉRÉ LA DIVISION DE CHAQUE ESPÈCE.
PAR CONSÉQUENT, LES DINOSAURES QUI ONT SU S'ADAPTER À TOUTES LES CARACTÉRISTIQUES DE L'ENVIRONNEMENT QUI LEUR ÉTAIT PROPRE ONT PROLIFÉRÉ.
CERTAINS DINOSAURES AVAIENT UN NID POUR ÉLEVER LEUR PETITS.
ET NOUS, QUAND EST-CE QU'ON VA FAIRE NOTRE NID ?
J'AI L'AIR D'UN OISEAU ?

LES DINOSAURES QUI ÉLÈVENT LEURS PETITS

Maiasaura

Signifie : lézard bonne mère
Classification : ornithischien ornithopode
Longueur : 9 mètres
Démarche : bipède
Régime : herbivore
Époque : crétacé inférieur

C'EST UN MAIASAURA. CE DINOSAURE EST CONNU POUR ÉLEVER SES PETITS. LE NOUVEAU-NÉ A LA TAILLE D'UN PIED D'ADULTE, ET IL ATTEINT 3 MÈTRES EN MOINS D'UN AN...
LES ARTICULATIONS DES PETITS NE SONT PAS DÉVELOPPÉES, C'EST POUR ÇA QUE LA MÈRE S'OCCUPE BIEN D'EUX !
MES PETITS CHÉRIS...
MAMAN !
MAMAN !!
WOUAH, C'EST DRÔLE DE VOIR UN DINOSAURE QUI ÉLÈVE SES PETITS.
BEAUCOUP DE DINOSAURES ÉLEVAIENT LEURS PETITS. MÊME LES TYRANNOSAURES.
QUOI ?
UN DINOSAURE AUSSI HORRIBLE ?
ET BIEN, REGARDEZ LÀ-BAS !

ON VA DESCENDRE UN PEU LOIN PARCE QUE C'EST DANGEREUX.
PSHHHH
REGARDEZ CE NID DE TYRANNOSAURES, IL RESSEMBLE À UNE COLLINE !
ON NE DIRAIT PAS DU TOUT UN NID.
OUI C'EST VRAI.
CAR IL EST BIEN CAMOUFLÉ AVEC DES FEUILLAGES.
BIP
LA MÈRE SURVEILLE LE NID...
...PENDANT PRESQUE DEUX MOIS, SANS BOUGER ET SANS MANGER.

AH ! ALORS IL DOIT Y AVOIR UNE MÈRE PRÈS D'ICI...
OUI...
GRRRRR
NE BOUGEZ PLUS, DERRIÈRE NOUS, IL Y A UN TYRANNOSAURE, IL FAUT COURIR TOUS ENSEMBLE QUAND J'AURAI COMPTÉ JUSQU'À TROIS.
MINCE, J'AI EU UNE VIE COURTE, LES MEILLEURS PARTENT LES PREMIERS !
NE T'INQUIÈTE PAS, TU VAS VIVRE ASSEZ LONGTEMPS POUR APPARAÎTRE DANS LE LIVRE DES RECORDS !
SI JE L'APPELLE MAMAN, IL VA PEUT-ÊTRE ME LAISSER EN VIE... ?

KRÔ KRÔ
Tyrannosaure
Signifie : lézard tyran
Classification : saurischien théropode
Longueur : 12 mètres
Démarche : bipède
Régime : carnivore
Epoque : crétacé inférieur
COUREZ !
TOC
ARGH !
KABOUM

JULIE !
KRÔ KRÔ
ARRHH !
NON !
BIP

?!
ZAP !
C'EST QUI, ÇA ?
YAH !
T'ES QUI, TOI ?
QUE SE PASSE-T-IL ?
J'AI ALLUMÉ UN ÉCRAN EN TROIS DIMENSIONS.
JULIE, MAINTENANT IL FAUDRAIT PENSER À COURIR !
OH !
MAMAN !!
TAPTAPTAPTAP
QUELLE VITESSE...

PFF
PFF
PFF
MERCI REXI !
BIEN JOUÉ REXI !
BRAVO !
CE N'ÉTAIT PAS GRAND CHOSE...
J'AI CRU MOURIR...
PFF
TOUT VA BIEN MAINTENANT, C'EST FINI.
NE T'INQUIÈTE PAS JULIE, JE SUIS LÀ.
TU N'AS PAS BEAUCOUP AIDÉ...
NE TE FÂCHE PAS, NOUS SOMMES DES AMIS INSÉPARABLES, N'EST-CE PAS ?
CAUSE TOUJOURS...
ON Y VA, REXI.

IL M'ÉNERVE CET ARTHUR ! IL NE DIT QUE DES BÊTISES !
OUI MAIS AU MOINS, ÇA T'A CHANGÉ LES IDÉES...
C'EST VRAI ÇA !
ARTHUR A DIT ÇA POUR TE FAIRE OUBLIER LA PEUR QUE TU AS EUE.
OUI...
JULIE !
ÏÏÏK
QUOI ? QUOI ?
TU N'ENTENDS PAS COME UN BRUIT BIZARRE ?
QUEL BRUIT ?
POUM POUM POUM POUM
LE BRUIT DEVIENT PLUS FORT !

POUM
LE SOL BOUGE !
UN TREMBLEMENT DE TERRE ?
NON, REGARDEZ DERRIÈRE !
DERRIÈRE ?
POUM
WOUAH, C'EST UN DINOSAURE ENCORE PLUS GRAND QUE LE BRACHIOSAURE !
WOUAAAH !
CE DINOSAURE EST L'ANIMAL TERRESTRE LE PLUS LOURD, L'ARGENTINOSAURE !

▸Argentinosaure

Signifie : lézard argentin
Classification : saurischien sauropodomorphe
Longueur : environ 35 mètres
Démarche : quadrupède
Régime : herbivore
Époque : crétacé supérieur

IL S'EN VA. TANT MIEUX !
DOCTEUR, ON FAIT QUOI MAINTENANT ?
ON VA RETOURNER À NOTRE MACHINE.
ET SI ON CROISE UN DINOSAURE EN ROUTE ?
ÇA Y EST. LA VOIE EST LIBRE.
AHHHH !
LA MACHINE À VOYAGER DANS LE TEMPS !!

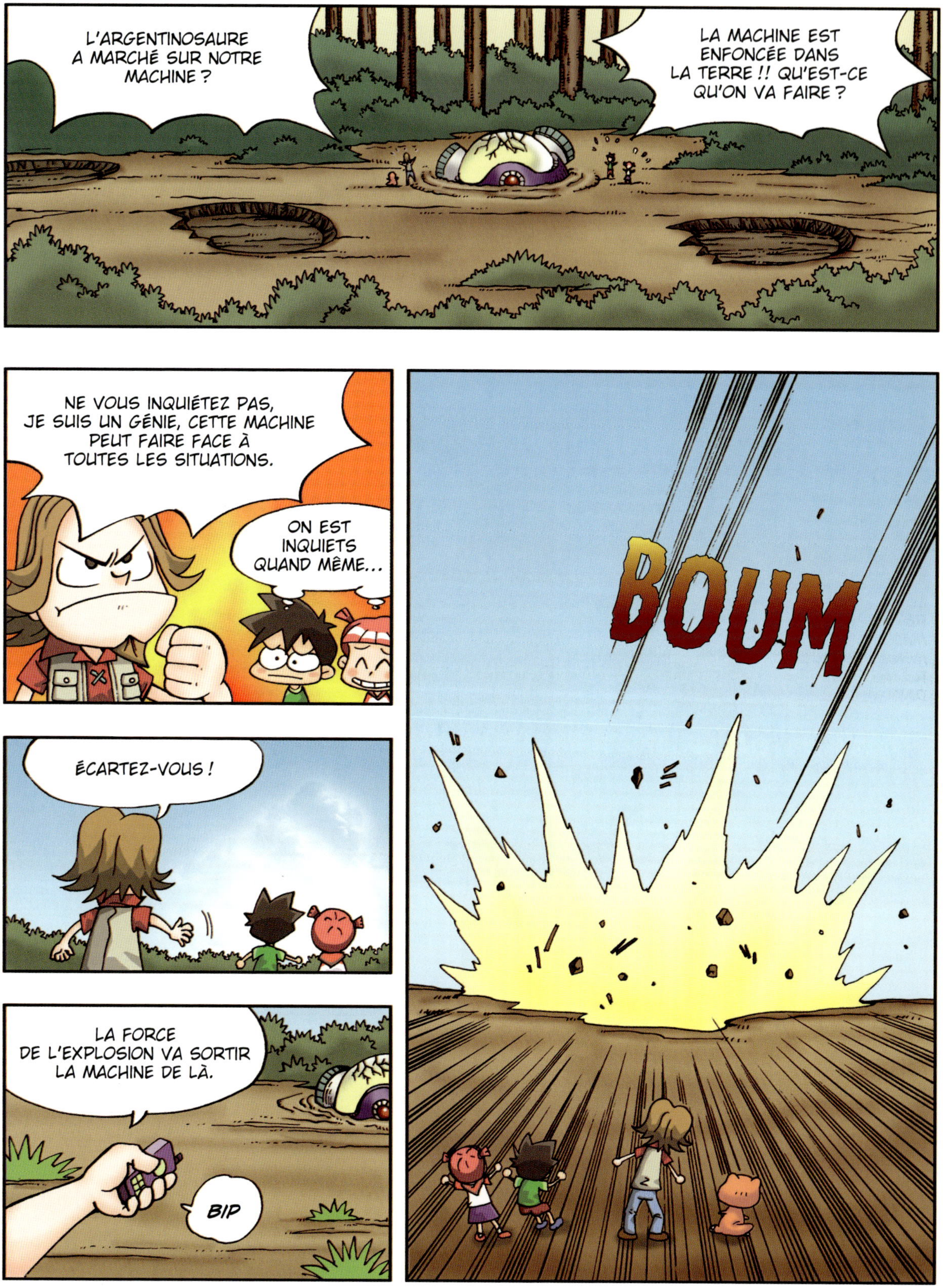
L'ARGENTINOSAURE A MARCHÉ SUR NOTRE MACHINE ?
LA MACHINE EST ENFONCÉE DANS LA TERRE !! QU'EST-CE QU'ON VA FAIRE ?
NE VOUS INQUIÉTEZ PAS, JE SUIS UN GÉNIE, CETTE MACHINE PEUT FAIRE FACE À TOUTES LES SITUATIONS.
ON EST INQUIETS QUAND MÊME...
ÉCARTEZ-VOUS !
LA FORCE DE L'EXPLOSION VA SORTIR LA MACHINE DE LÀ.
BIP
BOUM

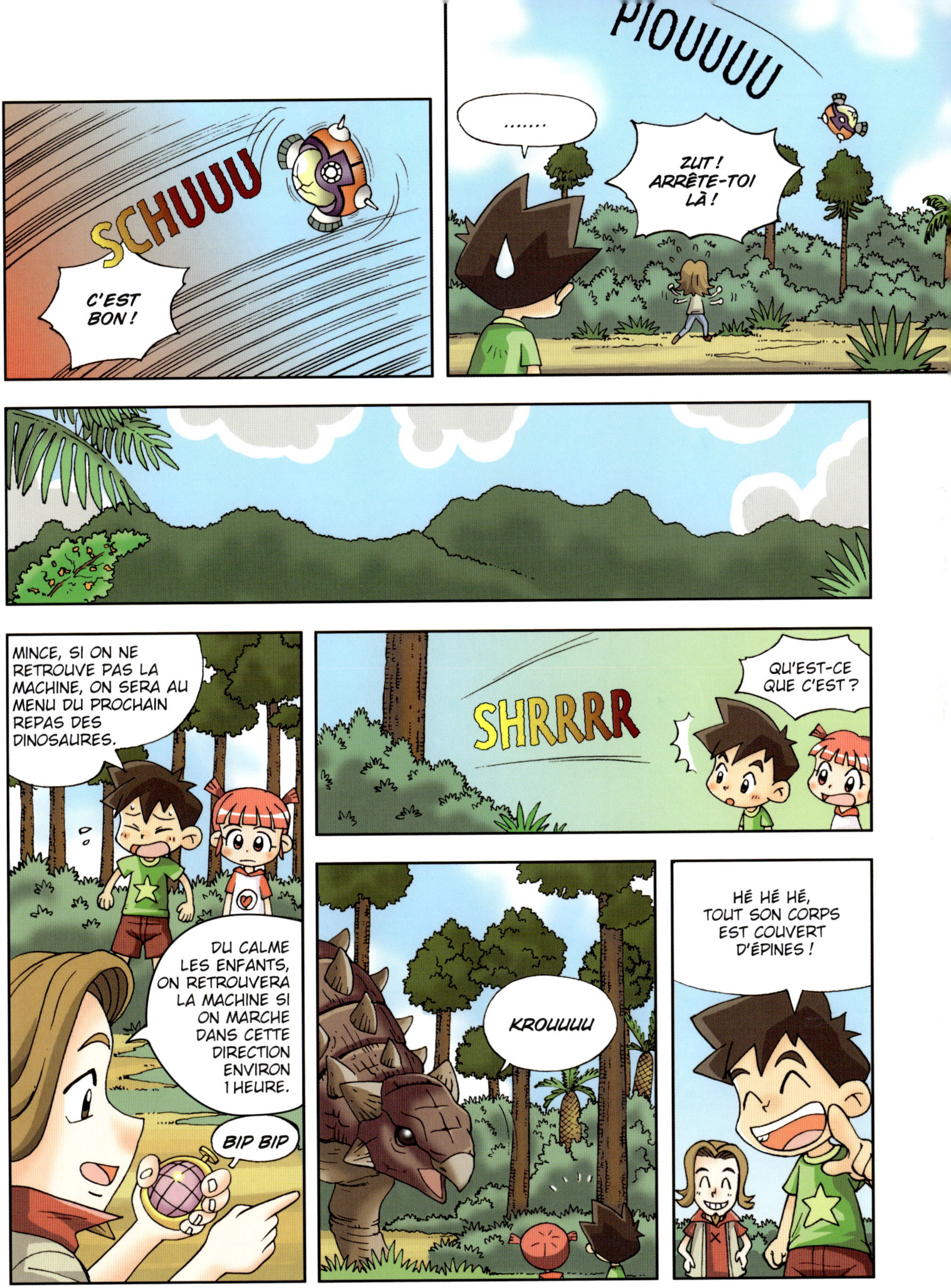
SCHUUU
C'EST BON !
PIOUUUUU
....
ZUT ! ARRÊTE-TOI LÀ !
MINCE, SI ON NE RETROUVE PAS LA MACHINE, ON SERA AU MENU DU PROCHAIN REPAS DES DINOSAURES.
DU CALME LES ENFANTS, ON RETROUVERA LA MACHINE SI ON MARCHE DANS CETTE DIRECTION ENVIRON 1 HEURE.
BIP BIP
SHRRRR
QU'EST-CE QUE C'EST ?
KROUUUU
HÉ HÉ HÉ, TOUT SON CORPS EST COUVERT D'ÉPINES !

Ankylosaure

Signifie : lézard rigide
Classification : ornithischien thyréophore (ankylosaure)
Longueur : environ 8 mètres
Démarche : quadrupède
Régime : herbivore
Époque : crétacé inférieur

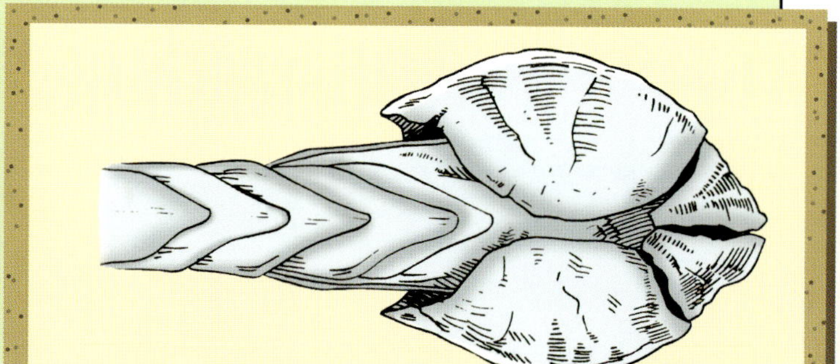

La queue en massue vue du haut

MAIS IL EST PLUTÔT LAID, NON ?
HA HA HA ! IL EST PLUS GENTIL QU'IL N'EN A L'AIR.
SALUT ? ANKYLOSAURE
SHHHHHH
BOUM
....
CRAAK
COURREZ !
WOOZZZ
DOCTEUR !

VOUS AVIEZ DIT QU'IL ÉTAIT GENTIL...
PIOU, J'AI EU PEUR...
PFF
BOUM
HEIN ?
BAM BAM BAM BAM
C'EST QUOI CE BRUIT ?
BOUM
SNIF ! J'AI ENVIE DE RENTRER À LA MAISON !
JULIE ! ÇA VA ALLER ?
C'EST QUOI CE BRUIT ? ÇA VIENT D'EN FACE.
CONTINUONS D'AVANCER.
JULIE, SI TU AS PEUR, TIENS MA MAIN.
OH OH

Pachycéphalosaure

Signifie : lézard au crâne épais
Classification : ornithischien marginocéphale
Longueur : environ 4 mètres
Démarche : bipède
Régime : herbivore
Époque : crétacé inférieur

J'AI DÉJÀ VU CE DINOSAURE.
IL APPARAÎT SOUVENT DANS LES FILMS OU DANS LES BD.
SON CRÂNE A UNE ÉPAISSEUR DE PLUS DE 20 CM, CHEZ L'HOMME IL N'Y A QUE 5 MM, VOUS VOUS RENDEZ COMPTE À QUEL POINT SA TÊTE DOIT ÊTRE DURE ?
Le crâne du pachycéphalosaure
ARTHUR DOIT AVOIR SON CRÂNE PLUS ÉPAIS QUE LA MOYENNE !
ABSOLUMENT !
EUH ?
BERRK !
VICIEUX ! DEPUIS QUAND TU ME TIENS LA MAIN ?
C'EST TOI QUI M'AS PRIS PAR LA MAIN !
HMM
LES ENFANTS, DÉPÊCHEZ-VOUS !
OUI !
ZUT !
ATTENDS-MOI !

L'APPARITION DU PRÉDATEUR LE PLUS PUISSANT

Protocératops

Signifie : première tête cornue
Classification : ornithischien marginocéphale(ceratopsia)
Longueur : environ 2,5 mètres
Démarche : quadrupède
Régime : herbivore
Epoque : crétacé inférieur

Velociraptor

Signifie : voleur rapide
Classification : saurischien théropode
Longueur : environ 1 mètre
Démarche : bipède
Régime : carnivore
Époque : crétacé inférieur

ON VA DEVOIR RENTRER.
POURQUOI ?
LE VELOCIRAPTOR EST UN DINOSAURE PLUS DANGEREUX QUE SON APPARENCE NE POURRAIT LE LAISSER CROIRE...
SON CORPS EST PLUTÔT PETIT, MAIS SES GRIFFES EN FORME DE FAUCILLE PEUVENT PROVOQUER DES BLESSURES PROFONDES D'AU MOINS 30 CM.
CRAO
POC

SHLOCK !
BERK...
C'EST HORRIBLE !
LE PROTOCÉRATOPS NE SAIT PAS SE DÉFENDRE ? IL NE FAIT QUE SUBIR L'ATTAQUE, LE PAUVRE !
LA SEULE DÉFENSE DONT IL EST CAPABLE, C'EST MORDRE.
LEUR COMBAT A ÉTÉ FOSSILISÉ, VOUS VOULEZ VOIR ?
BIP
OH !
ÇA DOIT ÊTRE UNE SCÈNE TRÈS RARE !
CETTE FOSSILISATION A ÉTÉ RENDU POSSIBLE GRÂCE À L'INTERVENTION D'UNE TEMPÊTE DE SABLE AVANT LA FIN DE LEUR COMBAT.

QUI EST LE PLUS FORT ?

CE NE SERAIT PAS DES HOMMES PRÉHISTORIQUES QUI PILOTERAIENT LA MACHINE ?
NON, CE N'EST PAS POSSIBLE. À CETTE ÉPOQUE, LES HUMAINS N'ÉTAIENT PAS ENCORE APPARUS !
ALORS, IL FAUT ALLER VOIR CE QUI SE PASSE...
ALLONS-Y.
BIP BIP BIP
C'EST BIZARRE, ELLE VIENT DIRECTEMENT D'EN FACE...
LE GIGANOTOSAURE !!
ARGH !
POUM

Giganotosaure

Signifie : lézard géant du sud
Classification : saurischien théropode
Longueur : environ 13 mètres
Démarche : bipède
Régime : carnivore
Époque : crétacé supérieur

KIK
KIK
KIK
BOUM
AH ! LE TYRANNOSAURE !
GRRRRR
CRUOO
C'EST QUOI ÇA ENCORE ?
COMMENT VA-T-ON S'ÉCHAPPER ?
?! VIENS DONC

TU OSES ME DÉFIER ?
CRUOOOO
ECARTEZ-VOUS !
TU NE ME FAIS PAS PEUR !
CHTOUK
PIOUT !
KRANC
TIENS, TU OSES !
OOH !
CRAO
ARRH
LA CONFRONTATION COMMENCE !

Crâne du giganotosaure

Crâne du tyrannosaure

IL N'A PAS L'AIR COMMODE.
GRRR
CRUOOOO
POUM
IL A L'AIR FORT !
DOCTEUR, LES DINOSAURES SONT LOIN DE LA MACHINE.
C'EST MAINTENANT OU JAMAIS, COURRONS TOUS VERS LA MACHINE !
REXI, COURS VITE !
ZOÏNG
REXI !
COURS VITE, TU ES EN DANGER !

DÉSOLÉ !
JE VAIS RESTER ICI.
!
?
QU'ESTCE QUI TE PREND TOUT D'UN COUP ?
MOI, J'APPARTIENS À CETTE ÉPOQUE, DONC IL FAUT QUE JE RESTE ICI.
C'EST VRAI, TU AS RAISON.
DOCTEUR !
JE SUIS UN ÊTRE VIVANT DU CRÉTACÉ. SI JE RETOURNE AU XXIE SIÈCLE, L'AXE DU TEMPS SERA DÉRÉGLÉ.
QU'EST-CE QU'IL VEUT DIRE ?
C'EST VRAI. EN TRANSPORTANT REXI DU CRÉTACÉ AU XXIE SIÈCLE, LE TEMPS ET L'ESPACE ONT ÉTÉ COMPLÈTEMENT PERTURBÉS. POUR RECTIFIER ÇA, IL FAUDRAIT LE LAISSER ICI.
QUOI ?

J'AI ÉTÉ TRÈS HEUREUX DE VOUS RENCONTRER. JE NE VOUS OUBLIERAI JAMAIS...
JE VAIS CHERCHER MA MAMAN POUR GRANDIR ET DEVENIR UN CHOUETTE DINOSAURE.
REXI !
NE VOUS APPROCHEZ PAS !
JE SUIS NÉ À CETTE ÉPOQUE, ET JE DOIS RESTER VIVRE PARMI LES MIENS.
C'EST LA MÊME CHOSE POUR VOUS. DONC, IL FAUT NOUS SÉPARER EN GARDANT PRÉCIEUSEMENT NOS SOUVENIRS !
REXI ! NE T'EN VA PAS ! REXI ! NE T'EN VA PAS !
NE T'EN VA PAS !
SBROUF

AU REVOIR, LES ENFANTS !
VROOOOOO
DOCTEUR, IL NE FALLAIT PAS LE LAISSER PARTIR !
DÉSOLÉ LES ENFANTS, MAIS C'EST POUR LE RAMENER À SON ÉPOQUE QU'ON A FAIT TOUT CE CHEMIN... NE SOYEZ PAS TRISTES !

THÉORIES DE L'EXTINCTION DES DINOSAURES

DOCTEUR, POURQUOI LES DINOSAURES ONT-ILS COMPLÈTEMENT DISPARU ?
VERS LA FIN DU CRÉTACÉ, UNE MÉTÉORITE DONT LE DIAMÈTRE DÉPASSAIT 10 KILOMÈTRES EST TOMBÉE SUR LA PLANÈTE.
WOOOZZ
ET L'IMPACT DE CETTE COLLISION A FAIT TRIPLER LA QUANTITÉ DE DIOXYDE DE CARBONE ET DE DIOXYDE DE SOUFRE. ILS SE SONT ÉVAPORÉS ET MÉLANGÉS AVEC DES TONNES DE POUSSIÈRES DANS L'ATMOSPHÈRE.
PENDANT PLUSIEURS ANNÉES, LES POUSSIÈRES ET LES DIOXYDES DE SOUFRE ONT FORMÉ DES BROUILLARDS FLOTTANTS DANS LA STRATOSPHÈRE, CE QUI A CACHÉ LE SOLEIL, FAIT BAISSER LA TEMPÉRATURE ET A FINI PAR ASSÉCHER LES PLANTES.
DE PLUS, DES PLUIES ACIDES SONT TOMBÉES SUR TOUTE LA TERRE, EN DÉTRUISANT COMPLÈTEMENT LES ÉCOSYSTÈMES.
AINSI, LES DINOSAURES ONT DISPARU ET LA TERRE, EN RESTAURANT SES ÉCOSYSTÈMES, A ÉVOLUÉ VERS L'ÉPOQUE DES MAMMIFÈRES.
EH BAH, C'EST SURPRENANT QU'UNE MÉTÉORITE AIT FAIT CHANGER TOUS LES ÉCOSYSTÈMES DE LA TERRE !

IL Y A D'AUTRES HYPOTHÈSES SUR L'EXTINCTION DES DINOSAURES, PAR EXEMPLE LA THÉORIE DE L'ACTIVITÉ VOLCANIQUE, OU CELLE DE LA BAISSE DE LA TEMPÉRATURE.
DES HYPOTHÈSE ? DONC RIEN DE SÛR ?
NON, POUR L'INSTANT.
CELA FAIT PRESQUE 150 ANS QU'ON A COMMENCÉ À ÉTUDIER LES DINOSAURES. MAIS TRÈS PEU DE CHOSES SONT SÛRES.
COMME JULIE L'A REMARQUÉ, IL Y A BEAUCOUP D'HYPOTHÈSES. C'EST À VOUS DE POURSUIVRE L'AVENTURE DE LA PALÉONTOLOGIE POUR ÉLUCIDER DE NOUVEAUX MYSTÈRES...
VOUS PENSEZ QU'ON POURRAIT LE FAIRE ?
ET POURQUOI PAS ?
BON, IL FAUT QUE JE VOUS LAISSE...
OÙ ALLEZ-VOUS ?
JE VAIS RÉPARER LA MACHINE ET RETOURNER ENCORE UNE FOIS À L'ÉPOQUE DES DINOSAURES. MOI AUSSI JE M'INQUIÈTE POUR REXI...
ZOÏNG
AU REVOIR !
BON VOYAGE ! AU REVOIR !
VROOOOOO

Annexe

Tableau comparatif des tailles de dinosaures

▸ **Tricératops**

Longueur : 9 mètres

Dépot légal : août 2009
Achevé d'imprimer en Juin 2009

Imprimé en Chine sur les presses de C&C offset Printing